KB214464

스윗
스팟

하나님의 뜻과 **나의 소원**이 만나는 자리

스윗스팟 [개정증보판]

1판 1쇄 찍은 날 2014년 7월 28일
2판 1쇄 찍은 날 2015년 6월 12일
개정증보판 1쇄 펴낸 날 2025년 2월 25일

기획 기독교학교교육연구소
편저 이종철
펴낸이 이종철
책임편집 강지혜
펴낸곳 쉼이있는교육
출판사 등록번호 제 2020-000015호
(04969) 서울특별시 광진구 아차산로78길 44 크레스코빌딩 308호
02-6458-3456, cserc@daum.net
북디자인 스튜디오 플럼 sangury@gmail.com
잘못 만들어진 책은 쉼이있는교육 출판사에서 교환해 드립니다.

기독교학교교육연구소는 교육의 본질과 방향을 제시하며, 현장의 필요에 응답하는 연구, 나눔과 성장이 있는 연수, 왜곡된 교육을 변혁하는 운동을 통해 하나님의 교육이 가득한 세상을 이루어갑니다. 이를 위해 기독교대안학교의 성장과 성숙, 기독교사립학교의 회복과 갱신, 공교육에 기독교적 대안 제시, 교육 회복의 주체인 기독학부모 세우기, 가정과 학교를 연계하는 교회교육의 모색 등의 사역을 감당하고 있습니다.

www.cserc.or.kr
ISBN 979-11-980502-3-6
가격 17,000원

[개정증보판]

하나님의 뜻과 **나의 소원**이 만나는 자리

스윗 스팟

성경적 진로와 소명을 탐색하는

6가지 키워드

CONTENTS

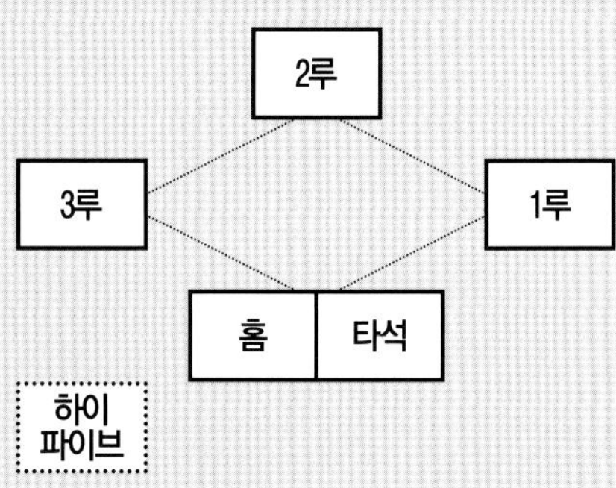

2루
3루
1루
홈
타석
하이
파이브

성경적 진로 소명 교육이 필요하다

바야흐로 '진로'가 대세다. '진로'는 없이 '진학'만 강조하던 시대는 이제 저물고 있다. '진학 없는 진로'는 불완전하지만, '진로 없는 진학'은 위험하다. '진로'는 삶의 방향을 결정하는 것이기 때문이다. 아무리 빨리 잘 달려도 방향이 틀렸다면 그 인생이 허망한 인생이 되고 말 것이다.

그런데 한국교육은 방향성 없이 무조건 열심히 달리기만 하는 경주마들을 길러내고 있다. 대학 입시를 종착점으로 보고 입시 위주 교육으로 전력 질주를 하게 한다. 그러나 이제 우리는 좀 더 멀리 볼 필요가 있다. 대학 입시만으로 인생이 결정되는 것이 아니라는 것을 기억하며, 대학 입시까지만 보고 달리는 '입시 위주 교육'이 아니라, 학생의 전 생애를 생각하는 '생애 위주 교육'으로 전환해야 한다.

이미 시중에 많은 진로 교육 관련 도서와 교재들이 나와 있다. 정부와 관련 기관에서 만든 좋은 웹사이트들이 있고(노동부에서 만든 워크넷, 직업능력개발원에서 만든 커리어넷), 관련 자료들이 오픈 소스(open source)로 공유되어 있다. 이미 많은 자료들이 넘치게 있음에도 불구하고 이 책을 내는 이유는, '진로'를 '성경적 토대'에서 해석하고 설명하는 책이 필요하다고 판단했기 때문이다.

진로교육은 크게 '자기 이해 능력', '직업 세계 이해 능력', '의사결정 능력'을 길러주는 것을 주된 과제로 삼는다. 그런데 자기 이해 능력도, 직업 세계 이해 능력도, 의사결정 능력도 성경적 관점 위에서 온전해질 수 있다. 우리는 하나님 안에서 자신을 가장 잘 이해할 수 있으며, 하나님의 문화명령을 깨닫고, 성경적 직업관, 가치관, 성공관을 가질 때, 직업 세계를 제대로 이해할 수 있다. 의사결정에 있어서도 우리는 하나님의 뜻을 구하고 그것에 순종해 나갈 때 온전한 의사결정을 할 수 있다. 하나님의 말씀이 진로에 빛을 비출 때, 우리는 더 깊은 통찰을 얻게 되는 것이다.

각 사람의 인생에도 최적의 지점, 스윗스팟(Sweet Spot)이 있다. 최적의 지점에서 공과 배트가 만날 때 홈런이 나오는 것처럼, 하나님의 뜻(세상을 향한 하나님의 애통하심)과 나의 소원(나에게 주신 은사와 재능, 마음의 소원함)이 만날 때, 우리도 홈런 치는 인생이 될 수 있다. 이 때 우리의 진로는 진로를 넘어 소명으로 향한다. 그러하기에 그리스도인들에게 성경적 진로 소명 교육은 중요하고, 그 교육은 그 어느 곳보다 교회나 기독교학교가 가장 잘 할 수 있다.

오스 기니스의 '소명'에 대한 정의를 따르면, 소명이란 '하나님께로의 부르심에 대한 헌신(1차적 소명)'과 '하나님이 부르시는 특정 영역으로의 헌신(2차적 소명)'으로 이해할 수 있다. 그러므로 '소명'이란 결국 '제자의 삶'의 또 다른 이름이다. 소명을 따른다는 것은 그리스도의 제자로 산다는 것과 같다. 그러므로 '스윗스팟'은 단순한 진로 교육이라기보다, 우리의 다음 세대들을 그리스도의 제자로 살게 하는 교육이라고 할 수 있다.

이 교육의 길에 함께 동역하게 된 여러분을 축복하고 싶다. 아이들과 함께 각 사람을 향한 하나님의 뜻을 찾아가는 스윗스팟의 여정을 충실하게 걸어가 보자. 우리의 수고가 하나님 앞에서 귀한 열매로 거두어 지리라 믿는다.

이 책이 나오기까지 수고한 이들에게 감사의 마음을 전한다. 스윗스팟에 많은 아이디어를 준 관련 기관들에게 감사한다. 진로와 소명연구소 정은진 소장과 정강욱 대표, 비전코디의 이강은 대표, 그리고 가정과 교육 세움터의 옥봉수 대표, 대한민국교육봉사단의 씨드스쿨 배진현 간사께 감사드린다. 계속해서 같은 길에서 하나님의 교육을 위해 동역하기를 기대한다. 스윗스팟의 출발점에서 초기 아이디어를 내고 시범 운영을 했던 이종철, 한정호, 김신혜 연구원께도 감사의 마음을 전한다. 그리고 그 초기 아이디어를 충실한 교육과정으로 구현하여 오늘의 책이 출간되도록 애 써준 이종철, 김지현, 신은정, 이하나 연구원에게 감사의 마음을 전한다.

2014년 7월

기독교학교교육연구소 소장 박상진

성경적 진로와 소명을 탐색하는 6가지 키워드

과거에는 진로 교육의 부재가 문제였으나, 오늘날에는 오히려 진로 교육이 넘쳐나고 있다. 공교육에서도 학생들의 꿈과 재능에 관심을 가지고 다양한 진로 교육을 활발히 진행하고 있다. 그러나 이러한 진로 교육만으로 충분한가? 그렇지 않다. 특히 크리스천 학생들에게는 '성경적 진로 교육'이 필요하다. 그리스도인은 삶의 목적과 방식이 다른 사람들이기 때문이다. 성경적 관점이 배제된 진로 교육은 결국 자신의 이익 추구를 위한 도구로 전락하고 만다. 진로 교육마저 입시 경쟁을 위한 또 하나의 스펙으로 변질되는 것이다.

성경적인 진로 교육은 그런 것이 아니다. 성경적 진로 교육은 하나님 안에서 자신을 이해하고, 성경적 직업관과 성경적 성공관 위에서 하나님의 부르심을 따라 자신의 재능을 드리는 '제자의 삶'이라 할 수 있다.

이러한 성경적 진로 교육은 기독교학교 교육의 핵심이다. 입시를 어떻게 다루느냐에 따라 기독교학교는 그 본연의 목적을 잘 달성할 수도 있고, 일반 학교와 다를 바 없는 학교가 되기도 한다. 성경적인 진로 교육은 한국 교육의 가장 큰 문제 중 하나인 입시 경쟁 문제에 대한 건강한 해결방안이 될 수 있다. 기독교학교에서는 특히 대학 입시에만 국한되지 않고, 학생들의 생애 전반을 고려하는 관점에서 졸업 이후 학생들의 삶에 대해 함께 고민하고 교육해야 한다.

교회에서도 성경적 진로 교육이 필요하다. 중·고등부 학생들의 가장 큰 관심사는 무엇일까? 여러 가지가 있겠지만, 학업과 진로가 가장 큰 비중을 차지한다. 교회는 학생들의 이러한 주요 관심사에 대해 성경적 관점을 제시함으로써, 학생들이 충분히 고민하고 건강하게 해결해 나갈 수 있도록 도와야 한다. '월화수목금금금'으로 표현되는 과열된 입시 경쟁 속에서 쉼 없이 달리는 우리 아이들에게 성경적인 대안을 제시해야 한다.

교회학교가 신앙을 가르치기에도 시간이 부족한데 진로 교육까지 해야 하는가에 대한 문제 제기가 있을 수 있다. 그러나 〈소명〉(IVP)의 저자인 오스 기니스에 따르면, 교회의 제자 훈련은 1차적 소명(하나님께로 부름을 받는 과정)을 넘어 2차적 소명(하나님이 허락하신 사명의 자리로 나아가는 과정)으로까지 나아가야 한다. 그동안 한국 교회는 1차적 소명을 가르치는 일에만 집중한 나머지, 성도들을 2차적 소명으로 나아가도록 돕는 일에는 소홀하였다. 그 결과 교회 안에서는 충성된 그리스도인이지만, 세상 속에서는 그리스도인들이 빛과 소금의 사명을 감당하지 못하는 한계를 보였다. 진정한 제자 훈련은 2차적 소명까지 이어질 때 온전해질 수 있는 것이다.

학생들이 자신의 진로를 찾아가는 과정은 단기간에 해결되지 않는다. 그러나 안타깝게도 한국교회에서 시행되는 진로 교육은 대부분 일회성 특강에 그치고 있다. 이렇게 짧은 시간으로는 학생들의 진로를 의미 있게 도울 수 없다. 따라서 교회학교는 공교육에서 제공하기 어려운 성경적 진로 교육을 통해 충분한 시간을 두고 학생들의 진로와 소명에 대한 기본적인 인식을 형성하고, 자신의 부르심을 찾아갈 수 있는 역량을 기르도록 도와야 한다. 스윗스팟은 이러한 고민에서 탄생한 교육과정이다.

이번 개정증보판 교육과정에서는 학교 수업 시간에 더욱 충실하게 다룰 수 있도록 구조를 개선하였다. 기존의 5단원 15과 구조를 6단원 24과 구조로 확대하고, 각 과의 분량은 더 가볍게 조정하였다. 교회 등에서 활용할 때는 6회 교육으로 압축하여 진행할 수 있다. 또한 성경적 진로와 소명을 탐색하는 6개의 핵심 키워드('자존감', '흥미', '강점', '가치지향성', '애통함', '만남')를 설정하였다. 이러한 변화를 통해 학생들이 자신의 스윗스팟을 더 효과적으로 찾아갈 수 있을 것으로 기대한다.

스윗스팟은 2011년 기독교학교교육연구소와 입시사교육 바로세우기 기독교운동이 성경적 진로 교육의 필요성에 공감하면서 시작됐다. 두 단체는 기독교교육 현장(기독교학교와 교회)에서 활용할 수 있는 성경적 진로 소명 탐색 교육 프로그램 연구에 착수했다. 책의 제목 '스윗스팟'은 맥스 루케이도 목사의 저서 〈일상의 치유〉(청림출판)에서 영감을 얻었다. 2012년 서울 S교회 중등부와 2013년 서울 H교회 고등부에서 5주간의 토요학교 프로그램으로 시범 교육을 진행했다. 이를 바탕으로 프로그램을 개선하여 2014년 7월 마침내 책으로 출판했다.

2014년 7월 첫 스윗스팟 지도자과정을 시작으로 지금까지 총 15기의 지도자과정을 실시했다. 초기에는 지도자과정을 학교편과 교회편으로 나누어 진행했으며, 각각 2회씩 실시한 후 교재의 활용도를 높이기 위해 2015년 6월 개정판(2판)을 출판했다. 이후에는 학교편과 교회편을 구분하지 않고 통합 지도자과정으로 운영했다. 지금까지 지도자과정을 수료한 약 400여 명을 중심으로 많은 기독교학교와 교회에서 스윗스팟 교재를 활용하고 있다. 청소년용으로 개발된 교재였지만, 청소년부뿐만 아니라 청년부와 장년부에서도 의미 있게 사용되었다. 이를 통해 '진로'라는 주제가 청소년에게만 국한되지 않음을 확인할 수 있었다.

스윗스팟을 활용한 대표적인 기독교대안학교로는 새음학교, 월광기독중학교, 샘물중고등학교, 인투비전스쿨, 예수향남기독학교, 디모데학교, 세품국제학교, 예닮글로벌학교, 빛의자녀학교, 동부광성교회 사사선교학교, 헤이븐기독학교, 쉐마학교, 은혜의동산 기독학교, 푸른나무학교 등이 있다. 또한 홈스쿨링 기관인 글로벌홈스쿨링 아카데미와 기독교사립학교인 숭덕여자중학교에서도 활용되었다.

대표적인 활용 교회로는 높은뜻광성교회, 예원교회, 오산장로교회, 전주 사도교회, 울산다운공동체교회, 거제 섬김의교회, 생명샘교회, 정릉교회, 새문안교회, 주북교회, 평촌교회, 신흥교회, 새하늘교회, 남성교회, 청남교회, 세대로교회, 한남교회, 여수 한빛교회, 영문교회, 포항 충진교회, 평택 성민교회, 군산 영광교회, 도성교회, 이레충신교회, 부산중앙교회, 초원교회 등이 있다.

15기까지 진행된 스윗스팟 지도자과정을 수료하고 오랜 기간 이 교재를 사용해 온 현장 전문가들께 감사드린다. 출간된 책을 활용해 주신 많은 공동체 덕분에 스윗스팟이 오늘에 이를 수 있었다고 생각한다.

이 책이 나오기까지 수고한 모든 이들에게 감사의 마음을 전한다. 초판과 개정판 제작을 함께하며 애썼던 동역자들 신은정, 김지현, 이하나 연구원에게 감사드린다. 지금은 모두 연구소를 떠났지만, 영원한 동역자들이다.

특히 기독교학교교육연구소의 연구원으로 일하다 자신의 스윗스팟을 찾아 "찾아가는 기독교교육, 〈고유〉"라는 단체를 만들어 활동 중인 이호준 대표에게 감사의 마음을 전한다. 그는 내가 아는 한 국내에서 스윗스팟으로 가장 많은 교육을 한 사람으로, 개정증보판을 만드는 과정에서 그의 조언이 큰 도움이 되었다.

그리고 스윗스팟 개정증보판을 만드는 과정에서 많은 수고를 함께 해 준 강지혜, 윤태홍, 김지혜 연구원에게도 감사의 마음을 전한다. 그들의 노력 없이는 개정증보판이 나올 수 없었을 것이다.

마지막으로 이 땅의 교육에 하나님의 나라가 임하기를 소망하며, '기독교학교교육'이라는 영역을 자신의 '스윗스팟'으로 섬겨오신 존경하는 박상진 교수님께 깊은 존경과 감사의 마음을 전한다.

2025년 2월

집필진을 대표하여

기독교학교교육연구소 부소장 이종철

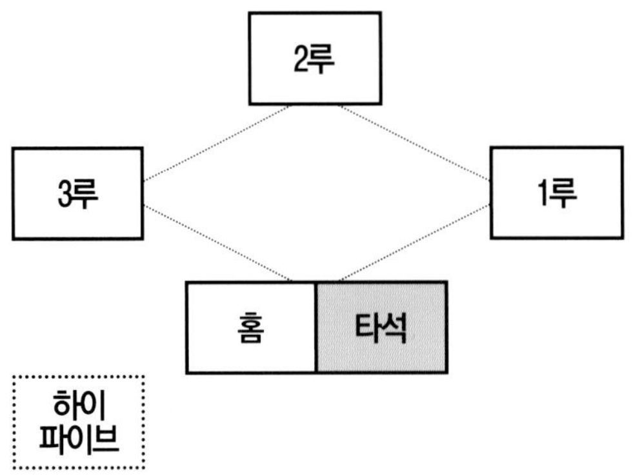
2루
3루
1루
홈
타석
하이
파이브

01 스윗스팟으로의 초대

오늘의 경기 흐름

하나님의 뜻과 나의 소원이 만나는 자리, 스윗스팟을 찾아가기 위해, 우리는 함께 경기를 하게 될 것입니다. 경기에 임할 친구들과 서로 인사를 나누며 서로를 축복해 봅시다. 같이 경기를 하는 동안 지켜야 할 약속들도 함께 정해 보고, 스윗스팟의 뜻과 의미를 하나님의 말씀을 통해 살펴 봅시다.

*이제 스윗스팟을 시작합니다. 첫 단원 1~4과에서는 우리가 얼마나 '소중한 존재'인지, 살펴보고자 합니다. 하나님께서 우리를 창조하셨고, 우리를 향한 선한 뜻을 가지고 계시다는 것을 깨닫는 시간이 되기를 바랍니다.

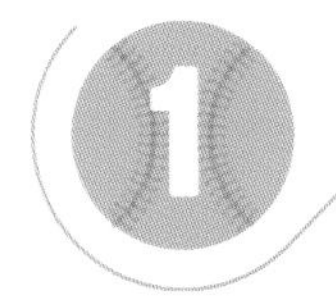

플레이 볼(PlayBall)[1]

PLAY.1 자기소개

"하나님의 뜻과 나의 소원이 만나는 자리, 스윗스팟"의 첫 시간에 만나게 되어 참 반갑습니다. 처음은 언제나 설레기도 하고, 낯설기도 하지요. 조금은 어색한 분위기를 걷어내기 위해 자기소개를 하려고 합니다. 혹시 잘 아는 친구들이라고 해도 스윗스팟으로 만나는 것은 처음이니, 격려하는 마음 가득 안고, 서로를 소개하며 출발해봅시다.

나를 설명하는 좋은 단어로 자신의 이름을 소개해봅시다.

구분	이름을 꾸미는 말(형용사), 나를 설명하는 단어	이름	스윗스팟을 통해 기대하는 것
예 1	달리기를 잘하는	손흥민	나에 대해 더 잘 알게 되기를
예 2	끝까지 최선을 다하는	김연아	진로의 방향을 정할 수 있기를
친구 1			
친구 2			
친구 3			
친구 4			
친구 5			

1) 야구에서 심판이 시합의 시작을 알리는 말.

PLAY. 2 **스윗스팟! 우리의 약속!**

스윗스팟을 하는 동안 아래의 약속들을 함께 지켜 나가요. 추가하고 싶은 약속 있다면 함께 정해도 좋습니다.

약속1. 적극적으로 참여하기

약속2. 내 생각과 의견을 솔직하게, 편안하게 말하기

약속3. 모든 사람의 의견은 소중하다고 생각하기

약속4. 다른 사람의 이야기를 경청하며 존중하기. 놀리거나, 비웃지 않기

약속5. ____

스윗스팟이란?

우리 책의 이름은 "스윗스팟"입니다. 이 제목은 맥스 루케이도 목사님의 책 〈일상의 치유〉라는 책에서 가져왔습니다. 맥스 루케이도 목사님은 스포츠 용어로 야구나 골프 같은 종목에서 많이 사용되는 '스윗스팟(sweet spot)'이란 개념을 소개합니다. 스윗스팟이란 '최적의 지점'이라는 뜻입니다. 예를 들어 우리가 잘 아는 야구 선수 전설의 홈런타자 이승엽이 배트에 공을 제대로 맞춰서 홈런을 쳤을 때, 그 공과 배트가 만나는 지점이 바로 스윗스팟입니다. 그 공과 배트가 최적의 지점에서 맞았을 때 가장 멀리 편안하게 날아갑니다. 그 느낌, 손맛을 아십니까? 힘으로만 멀리 보내는 게 아니라 최적의 지점에서 공과 배트를 만나게 함으로써 멀리 보내는 것입니다. 맥스 루케이도 목사님은 우리의 인생에도 그러한 원칙이 동일하게 적용된다고 주장합니다. 우리의 인생에도 최적의 지점, '스윗스팟'이 있다는 것입니다.

모든 창조물에는 만든 이의 의도가 들어 있습니다. 그 의도를 창조물 안에 심어 놓습니다. 그 창조 의도가 창조물의 특징으로 나타납니다. 예를 들어 포크가 없던 시절에 누군가 포크가 필요하다고 생각해서 포크를 만든 사람이 있었다고 생각해 봅시다. 포크의 창조 의도는 음식을 먹을 때 음식물을 안전하게 잘 찍어 먹기 위함이었을 것이고, 그래서 포크의 창조 의도가 가장 잘 드러난 부분은 삼지창처럼 생긴 앞부분입니다. 지금의 포크 모양이 나오게 된 데에는 분명히 만든 이의 의도가 담겨 있습니다. 포크는 포크대로, 스푼은 스푼대로의 목적이 그 창조물에 창조 의도가 구현되어 있는 것입니다.

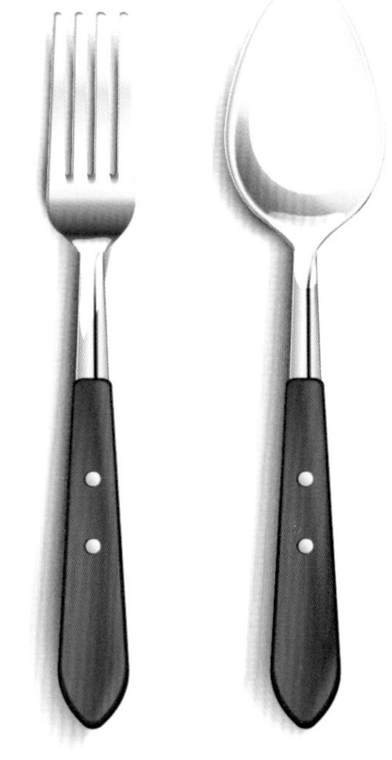

릭 워렌 목사님의 책 〈목적이 이끄는 삶〉에 보면, 우리 한 사람 한 사람을 향해서도 하나님의 **"거룩한(구별된) 목적(divine purpose)"**이 있다고 말씀하고 있습니다. 우리는 우리를 창조하신 하나님이 부여하시는 거룩한 목적에 따라, 의도를 가지고 창조되었습니다. 여기에서 말하는 '거룩한 목적'도 다른 말로 하면, '스윗스팟'이라 할 수 있습니다.

그렇다면 성경에도 '스윗스팟'의 개념이 등장할까요? 전도서 3장 22절을 같이 읽어봅시다.

> **그러므로 나는 사람이 자기 일에 즐거워하는 것보다 더 나은 것이 없음을 보았나니 이는 그것이 그의 몫이기 때문이라 (전도서 3:22 중에서)**

여기 **'그의 몫'**이란 단어에 밑줄을 그어볼까요? 전도서 말씀은 사람마다 자기의 몫이 있는데, 그것이 '자기가 즐거워하는 것'과 연관되어 있다고 말합니다. 왜 우리가 그것을 좋아하게 되었습니까? 그것은 우리가 그것을 좋아하도록 창조되었기 때문입니다. 하나님의 창조 의도가 우리의 흥미와 연결되어 있습니다. 성경은 이 일을 찾아, 그 일을 하는 것보다 우리의 인생에서 더 나은 일이 없다고 말합니다.

하나님의 뜻과 나의 소원이 만나는 자리

그렇다면, 그 스윗스팟의 자리는 어디에서 찾을 수 있을까요? 내가 즐거운 일을 하는 걸로 충분할까요? 또 다른 성경 말씀에서 그 해답을 찾아보겠습니다. 빌립보서 2장 13절을 같이 읽어봅시다.

> **너희 안에서 행하시는 이는 하나님이시니 자기의 기쁘신 뜻을 위하여 너희에게 소원을 두고 행하게 하시나니(빌립보서 2:13)**

우리는 보통 우리가 '좋아하고(흥미), 잘하는(강점) 일'에서 그 스윗스팟을 발견할 수 있을 것이라고 생각합니다. 앞에서 이야기한 것처럼 우리를 그렇게 만드셨고, 그런 소원들을 주셨으니, 그 창조의 의도를 해석하는 것은 필요합니다. 그러나 그것만으로는 부족합니다.

그리스도인으로서 우리에게 주어진 또 다른 축이 하나 있다면, 그것은 이 세상을 향한 '하나님의 뜻', '하나님의 마음'입니다. 우리는 보통 하나님의 뜻과 나의 소원, 이 2가지가 서로 충돌하고, 대치된다고 생각합니다. '하나님의 뜻'과 '나의 소원'은 정반대일 거라 생각하기도 합니다. 어디서 나온 생각인지 모르지만, 하나님은 내가 좋아하는 것을 못하게 하시고, 내가 원하지 않는 어떤 삶으로 나를 이끄실 거라 생각하기도 합니다. 그러나 빌립보서 2장 13절은 이 2가지가 만날 수 있다는 사실을 우리에게 말해 줍니다.

우리 안에서 행하시는 분이 하나님이실 때, 우리는 하나님의 기뻐하시는 뜻을 우리 안에 소원으로 주셔서 이루게 하시는 것을 깨닫습니다. 그러므로 '하나님의 뜻'과 '나의 소원'은 만날 수 있습니다. 그리고 그 하나님의 뜻과 나의 소원이 만나는 자리에서 우리는 스윗스팟을 발견하게 되는 것입니다.

자 그럼, 우리 함께 '여러분의 몫', '여러분을 향한 거룩한 목적', '여러분의 스윗스팟'을 찾아 함께 구호를 외치며 떠나볼까요?

"하나님의 뜻과 나의 소원이 만나는 자리"

"스윗스팟~!"

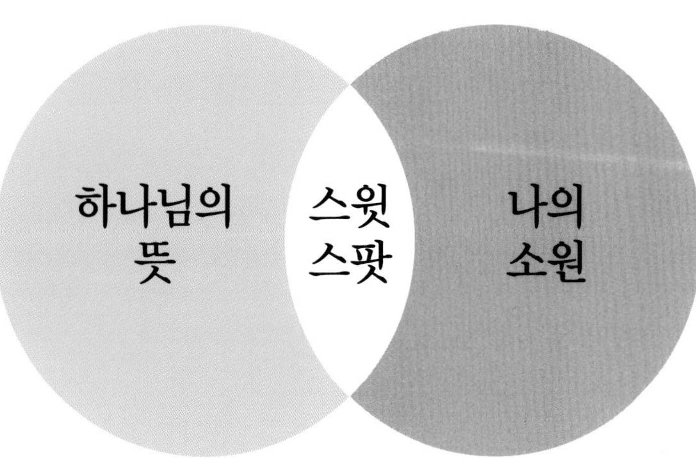

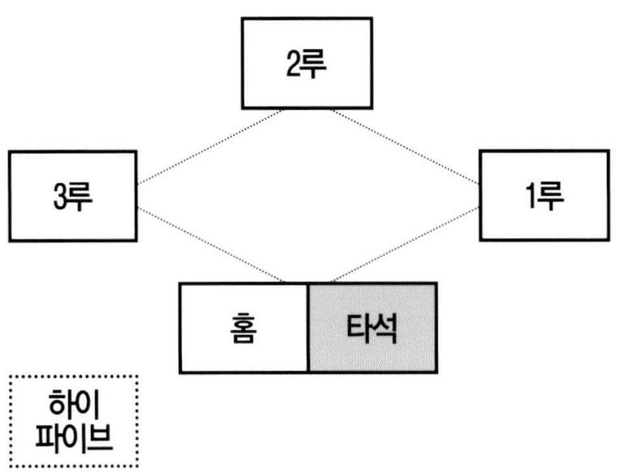
2루
3루
1루
홈
타석
하이
파이브

02
'나'는 누구인가?

오늘의 경기 흐름

스윗스팟을 찾아가는 첫 걸음은, '나는 누구인가?'라는 질문으로부터 출발합니다. 우리는 세상의 판단과 비교의식 등 왜곡된 시선으로 우리 자신을 이해할 때가 많습니다. 잘못된 생각들은 던져버리고, '성경이 말씀하고 계신 나'에 대해 생각해 봅시다. '하나님이 바라보시는 시선'으로 살펴본 '나'는 누구입니까?

시를 통해 본 '나'

아래의 두 시를 읽어보세요. **마음에 드는 문장이나 단어에 밑줄을 긋고, 시를 통해 깨달은 생각들을 나눠보세요.**

풀꽃

자세히 보아야 예쁘다
오래 보아야 사랑스럽다
너도 그렇다

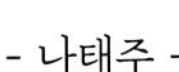
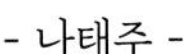

- 나태주 -

예쁘지 않은 꽃은 없다

꽃과 잡초는
구분되는 것이 아니다
잡초란 인간이 붙인 지극히
이기적인 이름일 뿐이다

인간의 잣대로 해충과 익충을
구분하는 것처럼
그러나 인간이 뭐라고 하던
제비꽃은 장미꽃을 부러워하지 않는다

이 세상에 예쁘지 않은 꽃은 없다

- 정호승 -

PLAY.1 시를 통해 느끼거나 새롭게 깨달은 것

성경을 통해 본 '나'

사람들은 '나는 누구인가?'라는 질문 앞에서, 철학자의 말을 인용하기도 하고, 주위 사람의 평판을 따르기도 하고, 자기가 느끼는 바에 따라 답을 내리기도 합니다. 그리고 그런 과정에서 잘못된 관점에 의해 나를 이해하고 살아가는 사람들이 많습니다. 우리가 기억해야 할 것은 다른 사람들의 평가와 철학자의 이야기가 나를 제대로 설명해주지 않는다는 것입니다. 제대로 된 나를 알기 위해서 우리는 우리를 만드신 분의 이야기를 들어야 합니다. 우리를 창조하신 하나님이 나를 어떻게 말씀하고 있을까요? 아래 성경 말씀을 읽고 빈칸을 채워 보세요.

하나님 형상	**창세기 1:27~28**	하나님이 자기 형상, 곧 　　의 형상대로 사람을 창조하시되 남자와 여자를 창조하시고 하나님이 그들에게 　을 주시며…
죄와 은혜	**로마서 3:23~24**	모든 사람이 　를 범하였으매 하나님의 　　에 이르지 못하더니 그리스도 　　안에 있는 구속으로 말미암아 하나님의 　　로 값없이 　　하심을 얻은 자 되었느니라.
존재	**베드로전서 2:9**	오직 너희는 택하신 　이요 　같은 　　들이요 거룩한 　　요 그의 소유된 　　이니 이는 너희를 어두운 데서 불러내어 그의 기이한 　에 들어가게 하신 자의 아름다운 　을 선전하게 하려 하심이라.

창조 하나님은 성경을 통하여 내가 어떤 존재인지 말씀하여 주십니다. 창세기 1장 27~28절은 우리가 '하나님의 형상'을 따라 창조되었고, 하나님과 교제하며 하나님의 사랑을 누리며 살아가도록 하셨다고 말씀해 주시고 있습니다. 또한 하나님이 조성하신 이 창조세계를 다스리고 관리하는 '청지기'의 사명을 주셨음을 강조하고 있습니다.

죄 그런데 사람들이 죄와 세상의 유혹에 넘어지면서 하나님과의 교제가 단절되어버렸습니다. 로마서 3장 23~24절은 '모든 사람이 죄를 범하였고, 하나님의 영광에 이르지 못하였다'고 선언합니다. 더 이상 소망이 없어지게 된 것입니다.

은혜 그러나 예수님의 구원 사역, 즉 그 분이 우리 대신 십자가에서 우리의 죄 값을 치르심으로 말미암아, 우리는 은혜를 누리게 되고, '의롭다'는 판정을 받게 되었습니다. 베드로전서 2장 9절은 '택하신 족속', '왕 같은 제사장', '거룩한 나라', '그의 소유된 백성'으로 우리의 존재가 회복되었음을 선포하고 있습니다.

3 찬양을 통해 본 '나'

성경 말씀은 세상을 바라보는 '안경'입니다. 세상만 아니라, 우리 자신에 대해서도 성경 말씀이라는 안경을 가지고 다시 볼 수 있어야 합니다. 하나님의 말씀, 하나님의 시선으로 본 나는 어떤 존재인가요?

우리는 외모와 성적, 그리고 가정 환경 등으로 나 자신에 대한 이해를 하게 되기 쉽기 때문에, 때로는 나 자신에 대한 과도한 자신감 혹은 열등감을 가질 수 있습니다. 그래서 우리는 우리를 만드신 하나님 앞에서 내가 누구인지 분명하게 알아야 합니다.

나는 하나님의 형상이고, 나를 사랑하셔서 이 땅에 오신 예수님의 피값을 주고 산 소중한 존재입니다. 그리고 주님의 은혜로 이 세상을 하나님 나라로 일구어갈 하나님의 사람입니다.

'성경이 말하는 나'에 대한 고백 찬양 중에, 천관웅 목사님의 〈You Are Special〉 이라는 찬양을 소개하고 싶습니다. 가사를 같이 한번 살펴볼까요?

You Are Special

(1절)

하늘의 별들처럼 해변의 수많은 모래처럼
내 모습 작다 느껴질 때 이 노랠 불러봐요
손 끝의 지문처럼 그대의 가치는 유일하죠
주 형상 따라 지음받은 그대는 특별해요
때론 내 모습 너무 평범해
아무도 내게 관심 없을 거야 주저앉고 싶어질 때
이 세상의 단 한 사람 하나님 손이 지은 최고의 작품
아직은 온전치 못할지라도 조금씩 완성돼 가는 오직 그대를 향한
완전한 계획 하늘의 축복받은 YOU ARE SPECIAL

(2절)

키 작은 애벌레가 아름다운 나비로 변하듯
시간이 되면 우리들도 그렇게 변하겠죠
때론 내 모습 너무 평범해
아무도 내게 관심 없을 거야 주저앉고 싶어질 때
이 세상의 단 한 사람 하나님 손이 지은 최고의 작품
아직은 온전치 못할지라도 조금씩 완성돼 가는 오직 그대를 향한
완전한 계획 언제나 기억해요 YOU ARE SPECIAL

PLAY. 2 성경 말씀과 찬양 가사를 통해 새롭게 알게 된 '나'는 누구입니까?

당신은 다만 당신이란 이유만으로도
사랑과 존중을 받을 자격이 있다.
- 앤드류 매튜스 -

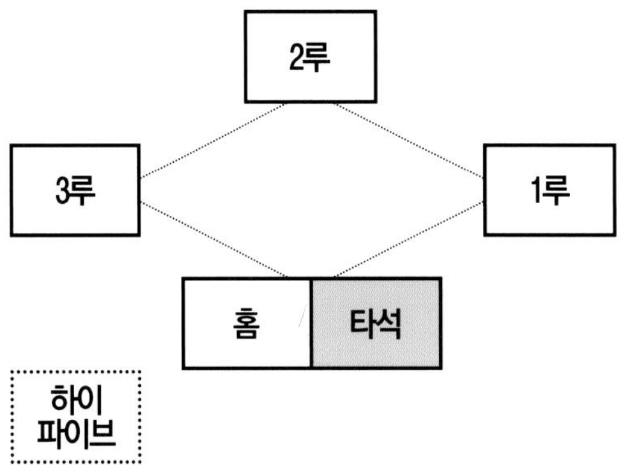
2루
3루
1루
홈
타석
하이
파이브

소중한 나

오늘의 경기 흐름

내가 무엇을 잘하고 좋아하는지를 탐색하는 과정이 스윗스팟을 찾아가는데 있어서 꼭 필요합니다. 그런데 자존감이 낮은 사람들은 자신이 그 무엇도 잘하지 못한다고 생각하는 경향이 있습니다. 사랑받는 경험은 자존감에 있어 매우 중요하며, 비교는 자존감의 가장 나쁜 적입니다. 건강한 자존감은 성공적인 삶을 위해 꼭 필요한 요소입니다. 이 시간, 건강한 자아존중감을 내 마음과 생각에 자리 잡도록 노력해 봅시다.

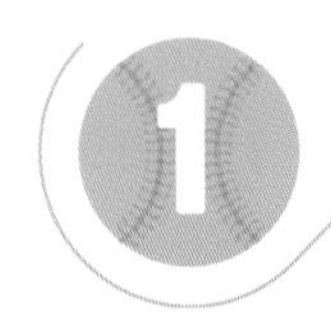

자존감

자존감과 자존심은 다릅니다. 자존감(自尊感)이란 '자신을 스스로 가치 있게 여기고, 존중하는 마음'입니다. 반면에 자존심은 '남에게 굽히지 않고 스스로의 품위를 지키려는 마음'입니다. 자존감과 자존심은 '자신에 대한 긍정'이라는 공통점이 있지만, 자존감은 '있는 그대로의 모습에 대한 긍정'을 뜻하고, 자존심은 '비교와 경쟁 속에서의 긍정'을 뜻하는 차이가 있습니다. 그러므로 자존심이 센 것과 자존감이 높은 것은 다릅니다.

자존감은 또한 자아팽창과도 다릅니다. '자아 팽창(ego inflation)'은 '자아가 실제 이상으로 부풀려져서, 우쭐대고 거만해진 상태'를 말합니다. 그러므로 자존감이 높다는 것은 자기에 대해 과대하게 인식하는 자아팽창과도 다릅니다.

자존감은 '누가 뭐라고 해도 나는 소중한 사람이야'라는 인식입니다. 자존감이 있는 사람은 정체성을 제대로 확립할 수 있고, 정체성이 제대로 확립된 사람은 자존감을 가질 수 있습니다.

출처 : https://m.blog.naver.com/et119jin/221577588959

'자존감(self-esteem)'은
자신이 다른 이들의
사랑과 관심을 받을만한
가치 있는 사람이라는
'자기가치(self-worthiness)'와,
자신에게 주어진 일을
잘 해낼수 있다고 믿는
'자신감(confidence)'이라는
두 가지 요소로 이루어진다.
즉, 자존감은 자기 자신을
제대로 사랑할 줄 아는 방법이다.

- 조세핀 킴 (하버드대학교 교육학과)

'자존감'이라는 개념을 이해했나요? 자존감은 사실 객관적이고 중립적인 판단이라기보다 조금은 주관적인 느낌이라고 할 수 있습니다. 그렇다면, 사람들은 왜 서로 다른 자존감을 가지고 있는 걸까요? 어떤 사람들은 자기에 대해 높은 자존감을 가지고 있고, 어떤 사람들은 낮은 자존감을 가지고 있을까요? 그 자존감의 비밀 속으로 좀 더 깊이 들어가 봅시다.

여러분은 언제 자존감이 낮아지는 경험을, 또 언제 자존감이 높아지는 경험을 했나요? 무엇이 여러분의 자존감을 좌우하고 있나요?

PLAY. 1

자존감이 낮아졌던 경험?	자존감이 높아졌던 경험?

우리는 주로 우리의 '성과(performance)'에 의해, 그것에 대한 '다른 사람들의 평가(evaluation)'에 의해, 자존감이 높아지기도 하고, 낮아지기도 하는 경험을 갖습니다.

그런데 똑같은 경험을 하고도, 다른 자기 인식을 갖게 되는 이들은 무엇 때문일까요?

출처 : https://v.daum.net/v/56e82331a2b8811fefe53778

잘한다는 기준

우리의 자기 인식은 자신이 생각하는 '잘한다'라는 평가의 기준과 연관이 깊습니다. 그 기준이 지나치게 높게 설정되어 있거나, 기준이 모호하면 자신을 '잘한다'고 평가하기란 어려울 것입니다.

다음은 다양한 형태의 '잘한다'는 기준입니다. 여러분의 '잘한다'는 기준은 무엇입니까?

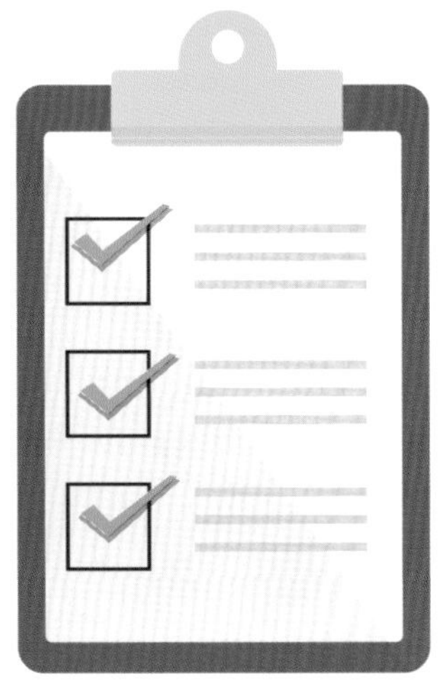

- □ 1. 반에서 1등을 했다.
- □ 2. 지난 시험보다 점수가 올랐다.
- □ 3. 내 친구보다 점수가 높다.
- □ 4. 매일 5시간씩 집중해서 00을 하고 있다.
- □ 5. 성실하게 최선을 다했다.
- □ 6. 내 스스로 만족했다.
- □ 7. 00으로 주변 사람을 도울 수 있다.
- □ 8. 선생님(고수)으로부터 인정을 받았다.
- □ 9.

위에 보기들은 모두 잘하는 것이지만 조금씩 성격이 다릅니다. 평가는 크게 '객관적인 평가(타인에 의한 평가 / 수치로 평가)'와 '주관적인 평가(자신에 의한 평가 / 자기 생각에 기초한 평가)'로 구분할 수 있고, 또 '결과 중심 평가'와 '과정 중심 평가'로 구분해 볼 수 있습니다. 이처럼 평가의 기준을 어떻게 설정하느냐에 따라, '잘한다'는 개념은 달라집니다. 우리의 '잘한다'는 기준은 지나치게 '객관적인 평가'나 '결과 중심 평가'에 치우치는 경향이 있습니다.

하나님의 기준

그렇다면 하나님은 무엇을 '잘한다'고 평가하실까요? 하나님의 기준은 무엇일까요? 마태복음 25장 14~30절의 달란트 비유를 통해 하나님의 기준을 생각해 봅시다.

다섯 달란트 받았던 자는 다섯 달란트를 더 가지고 와서 이르되 주인이여 내게 다섯 달란트를 주셨는데 보소서 내가 또 다섯 달란트를 남겼나이다 그 주인이 이르되 잘하였도다 착하고 충성된 종아 네가 적은 일에 충성하였으매 내가 많은 것을 네게 맡기리니 네 주인의 즐거움에 참여할지어다 하고(마태복음 25:20~21)

주인은 누구에게, 어떻게 칭찬하였습니까? 달란트의 크기가 중요한 것이 아니라, '착하고, 충성되게 썼느냐'를 중요하게 보십니다. 착하다는 것은 '방향'이고, 충성되다고 하는 것은 '성실함'입니다. 옳은 방향(세상의 도덕이 아닌 하나님의 방향)으로 성실하게 자신에게 주어진 달란트를 사용하는 것을 주님은 '잘한다' 칭찬하십니다.

전문가들은 자아존중감을 높이기 위해 '남과 비교하지 않기', '자신에게 친절하기', '자신이 무엇을 좋아하는지, 무엇을 잘하는지 알아내기', '가벼운 목표를 설정해서 성취감을 자주 느끼기', '자기 장점 칭찬하기', '실패해도 자기를 탓하지 말고 격려하기' 등을 추천합니다.
어떤 성과를 내고, 칭찬을 듣고, 외부적으로 상을 받아서 나를 존중하는 것이 아니라, 나에 대한 긍정적인 마음을 가지고, 나답게 살아가는 것으로 나를 존중하며 살아가는 것입니다.

PLAY. 2 **오늘 수업을 통해 새롭게 깨닫게 된, '잘한다'의 기준을 나의 말로 써봅시다.**

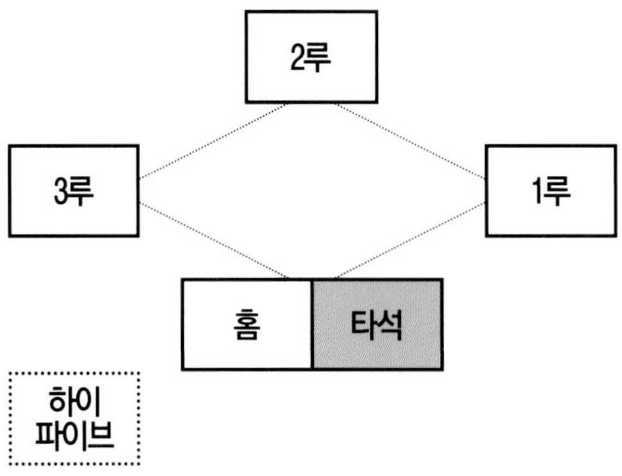
2루
3루
1루
홈
타석
하이
파이브

04
지금 정해야 하나요?

오늘의 경기 흐름

진로를 지금 당장 정해야 하는 것은 아닙니다. 스윗스팟은 평생에 걸쳐 찾아가는 여정과 같습니다. 스윗스팟을 찾기 위해 그 방향으로 우리의 삶이 나아가고 있으면 충분합니다. 우리의 스윗스팟을 찾기 위해, 우리가 과거에 가졌던 꿈들의 변천사를 살펴보면서, 그 꿈들의 공통점을 찾아 내봅시다. 실패라고 생각했던 순간까지도 우리의 삶의 의미 있는 한 점(dot)으로 사용하시는 하나님을 만나 봅시다.

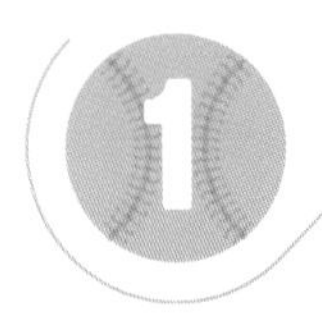

진로를 정했다 vs 못 정했다

『스윗스팟』은 우리를 향한 하나님의 온전한 계획을 알기 위해 진로를 탐색하는 과정입니다. 어떤 사람들은 이미 진로를 정했기 때문에, "자기 진로가 바뀔까봐", 『스윗스팟』 교육에 참여하는 것을 꺼려진다고도 했습니다. 또 다른 사람들은 과도한 진로교육이 학생들에게 미래의 직업(목표)를 빨리 정하라고 압박하는 일을 문제 삼기도 합니다.

여러분은 어떠신가요? 진로를 정하셨나요? 지금 여러분의 상황을 툭 터놓고 말해봅시다.

PLAY.1 진로 정했다 vs 못 정했다

1. 나는 진로를 정했어요.

1) 언제 정했나요?
2) 그 진로를 정한 이유는?
3) 진로가 변경될 가능성은?

2. 나는 아직 진로를 정하지 못했어요.

1) 왜 진로를 못 정했을까요?
2) 진로를 정하지 못해서 걱정이 있나요?
3) 진로를 결정할 때 제일 조심스러운 것은?

하나님의 뜻과 나의 소원이 만나는 자리, 『스윗스팟』은 언제 가장 잘 알 수 있을까요? '나'의 어떠함을 충분히 알 수 있을 때, '하나님의 뜻'을 깊이 이해할 수 있을 때가 되려면, 적어도 30세는 넘어야 하는 게 아닌가 생각합니다. 아니 어쩌면 『스윗스팟』은 평생을 걸쳐 더듬어 찾아가야 할 일생의 과제가 아닌가 생각하기도 합니다. 그러므로 『스윗스팟』은 지금 당장 정해야 하는 것도 아니고, 정했다고 그것을 고집하거나, 정하지 못했다고 불안해 할 이유가 없습니다. 『스윗스팟』을 향해 나아가고 있다면 그것으로 충분합니다.

나의 꿈 변천사

우리의 미래를 예측하기 위해, 우리의 과거를 돌아보는 것은 매우 중요합니다. 어렸을 적부터 가져왔던 꿈이 그동안 어떻게 바뀌어 왔는지 살펴보면, 그것으로부터 우리의 어떠함을 발견할 수가 있습니다.

PLAY. 2 나의 꿈과 그 꿈들의 공통점

내가 한 번쯤 희망했던 꿈들에 대해서 기억해보고, 자신이 적은 꿈의 목록의 공통점을 한번 찾아봅시다. 어떤 이는 한 가지 꿈을 이루기 위해 부단하게 노력해 왔을 수도 있지만, 우리 대다수는 여러 다양한 많은 꿈들을 꿔왔습니다. 그래도 그 꿈들을 잘 살펴보다 보면, 내가 어떤 것을 중요하게 생각하는지를 어렴풋이 발견할 수도 있습니다(어렵다면 주변의 친구, 또는 어른들의 도움을 요청해 보십시오). 꿈을 찾고 발견하는 과정은 마치 보물을 찾는 것 같아서 찾아가는 과정이 쉽지는 않지만, 기대감을 가지고 탐색해 봅시다.

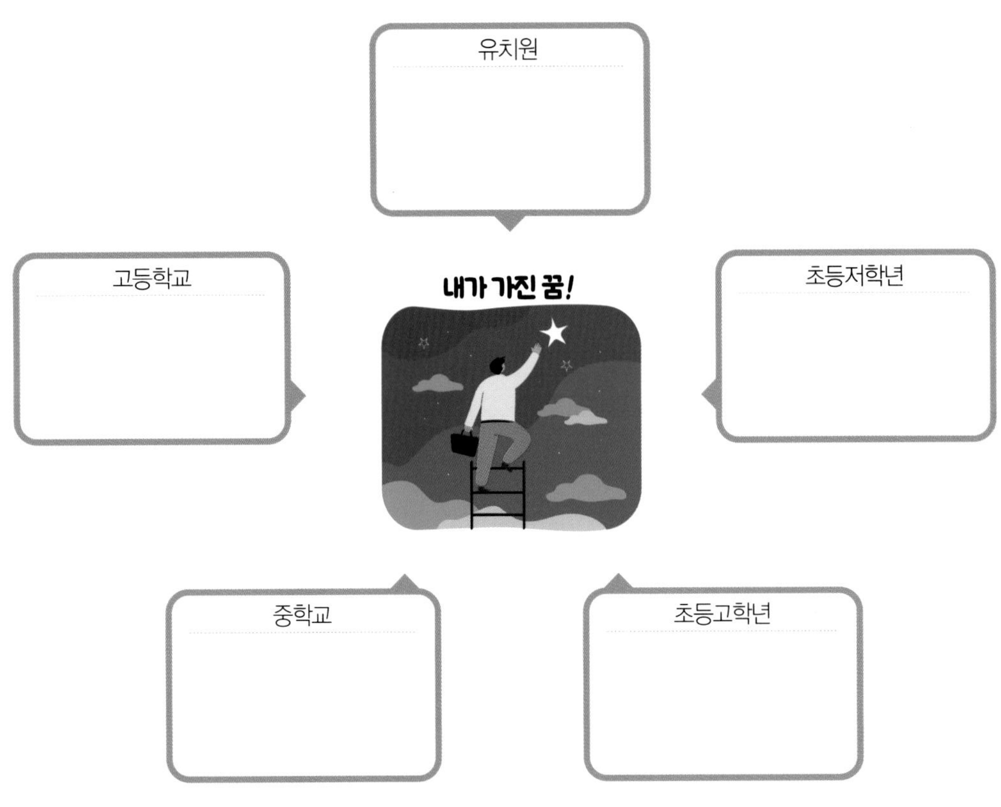

나의 꿈들의 공통점 나눔

3 하나님 나라에는 쓰레기통이 없다.

애플의 CEO였던 스티브 잡스가 2005년 스탠포드 대학교 졸업식에서 했던 유명한 연설이 있습니다. 인생에 대한 연설이었는데, 지금까지도 많은 사람들에게 큰 공감을 주고 있습니다. 그의 연설에 나오는 이야기 중에 한 꼭지의 제목은 “Connecting the Dots”입니다. 성공해 보이는 스티브 잡스에게도 그렇게 유쾌하지 않은 과거의 실패들이 있었습니다. 가령 대학을 자퇴 했다거나 회사에서 쫓겨나는 그런 괴로운 경험 말입니다. 그런데 그런 실패의 순간에는 전혀 생각할 수 없었는데, 돌아보면 내 삶의 수 많은 점들이 훗날 연결되어 현재와 미래를 구성한다는 것입니다. 우리의 실패와 잘못으로 가득한 과거를 무시하지 않고, 열심히 살아가다보면 우리가 살아온 수많은 점들이 서로 연결되어 아름다운 미래로 연결된다는 것입니다. 우리의 진로도 그렇습니다.

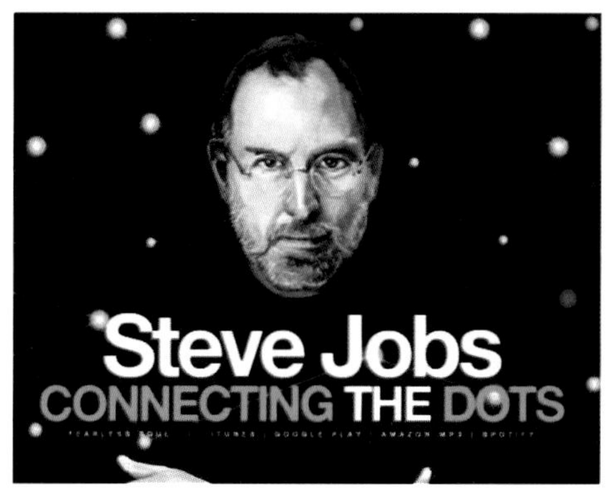

출처 : https://brunch.co.kr/@hwangyeiseul/31

You can't connect the dots looking forward;
you can only connect them looking backwards. You have to that the dots will somehow connect in your future
(미래를 내다보며 점을 연결할 수는 없습니다.
오직 뒤를 돌아보며 연결할 수밖에 없어요.
그러나 당신은 점들이 당신의 미래에 어떻게든 연결될 거라는 것을 알아야 합니다.)
- 스티브 잡스 -

하나님 나라의 원리도 동일합니다. 우리에게 실패라고 여겨졌던 그 순간들이 새로운 미래를 여는 문이 되는 놀라운 은혜를 우리는 경험합니다. 요셉이 미디안 상인들에게 팔려갔기 때문에, 훗날 요셉이 애굽의 총리가 되어, 큰 흉년의 때에 야곱의 가족들을 구원할 수 있었습니다.

"하나님이 큰 구원으로 당신들의 생명을 보존하고 당신들의 후손을 세상에 두시려고 나를 당신들보다 먼저 보내셨나니 그런즉 나를 이리로 보낸 이는 당신들이 아니요 하나님이시라 하나님이 나를 바로에게 아버지로 삼으시고 그 온 집의 주로 삼으시며 애굽 온 땅의 통치자로 삼으셨나이다"(창세기 45장 7~8절, 개역개정)

"하나님 나라에는 쓰레기통이 없다"라는 말이 있습니다. 우리의 인생에서 정말 필요 없는 순간이라 여겼던 시간들도 버리지 않으시고, 하나님은 의미 있는 자원으로 다시 사용하신다는 의미입니다. 그러므로 인생의 모든 순간들을 소중히 여깁시다. 실패를 실패라 생각하지 말고, 하나님의 뜻을 이루어가는 과정이라 여깁시다. 하나님께서 우리의 눈을 열어 새롭게 볼 수 있는 힘을 주실 것입니다(실패라 생각했던 삶의 순간들이, 오늘 나의 삶에 의미 있게 사용된 경험이 있다면 몇 사람 나눠봅시다).

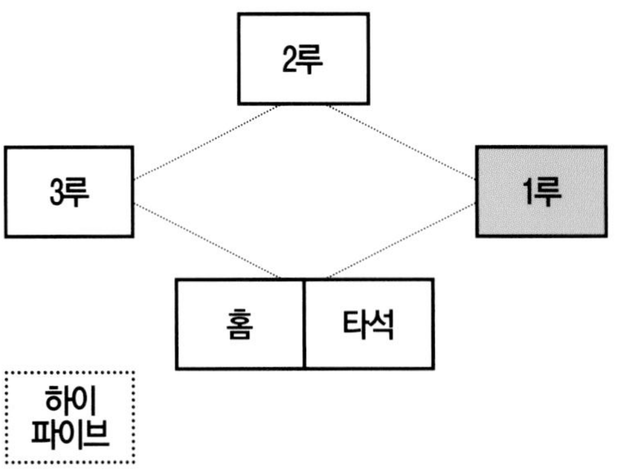
2루
3루
1루
홈
타석
하이
파이브

나의 소원

오늘의 경기 흐름

여러분 소망하는 일이 있나요? 그 일을 생각하면 주먹을 불끈 쥐게 되고, 어깨에 힘이 들어가고 집중력과 기쁨이 생기나요? 정말 이루고 싶은 것이 있나요?

현재의 여건, 나의 능력, 가능성 여부를 떠나서 정말 내가 하고 싶은 것이 무엇인지, 그 소원을 어떤 관점에서 풀어갈지 오늘의 경기, 기대하며 시작해봅시다.

*지난 과까지 우리는 우리가 하나님 안에서 얼마나 '소중한 존재'들인지 살펴보았습니다. 이제 5~8과에서는 우리의 '흥미'를 살펴보려 합니다. 우리가 어떤 것을 좋아하게 지음 받았다면, 그 흥미는 우리의 스윗스팟과 연결되어 있을 가능성이 높습니다.

가슴 뛰는 일

어떤 일을 생각하면 기분이 좋아지나요? 사실 우리는 누구나 막연하게 '하고 싶은 일', '좋아하는 일', '기대하는 일' 등이 있습니다. 세계 일주를 떠나고, 멋진 집과 자동차를 가지며, 알프스 산맥을 넘고, 세계 여러 나라의 사람들과 함께 만나 일을 하며, 자신의 이름으로 된 책을 펴내고, TV 프로그램을 기획하는 등 다른 사람에게는 그다지 매력적이지 않을 수 있지만 나 자신에게만은 가슴 뛰는 그런 일이 있습니다.

PLAY.1 나의 가슴 뛰는 일?

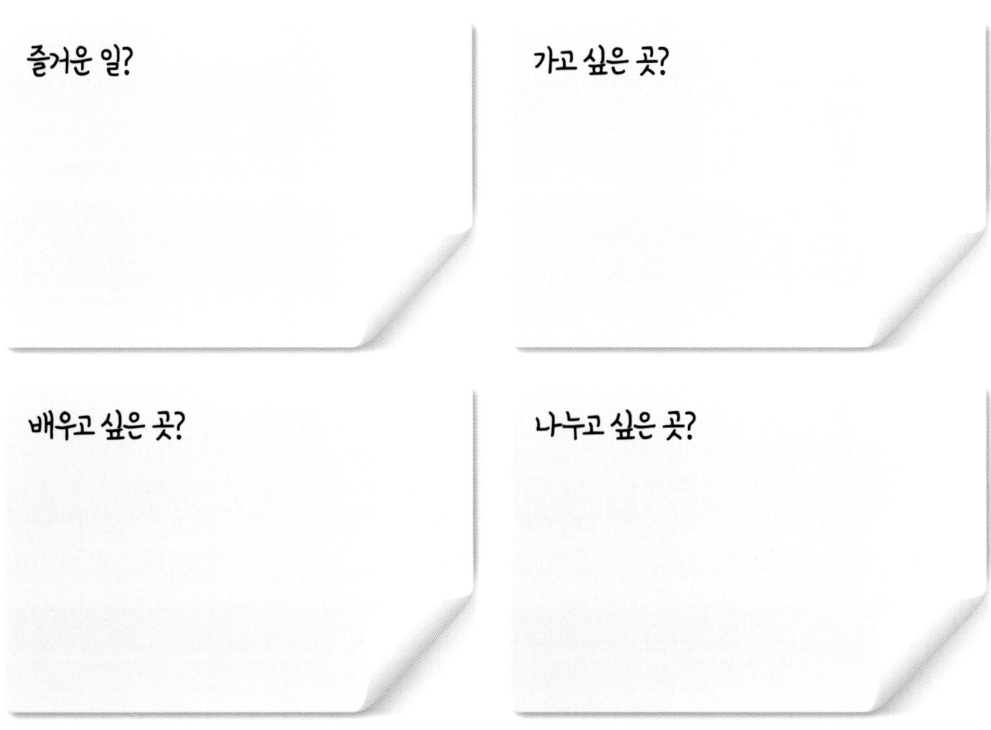

TIPS

포스트잇에 적어낸 후, 어떤 친구의 가슴 뛰는 일인지 맞춰보기를 할 수도 있고, 모둠별로 돌아가면서, 서로의 가슴 뛰는 일을 나눌 수도 있어요.

친구의 가슴 뛰는 일 중에 인상적인 것들 기록해 두기

말씀에 비춰보기

우리는 벅찬 마음으로 가슴 뛰는 일에 대해 서로 나누었습니다. 혹시 백만장자가 되어 돈을 펑펑 써보기, 수많은 이성과 자유롭게 연애하기, 자신을 힘들게 하는 사람에게 복수하기 등과 같은 소원을 적은 친구가 있나요? 우리의 소원 중에 어떤 내용은 그것이 옳은 것인지, 그른 것인지 분별이 필요한 것들도 있습니다. 그래서 우리의 소원에 대해 어떤 기준을 가져야 할지 생각해 보려고 합니다. 우리가 소원을 말할 때 놓치지 말아야 하는 분이 바로 하나님이십니다. 아래의 성경 말씀을 통해 내 소원이 세상으로부터 온 것인지, 하나님께로 온 것인지 살펴봅시다.

이는 세상에 있는 모든 것이
육신의 정욕과 안목의 정욕과
이생의 자랑이니
다 아버지께로부터 온 것이 아니요
세상으로부터 온 것이라
(요한1서 2:16)

너희 안에서 행하시는 이는
하나님이시니 자기의
기쁘신 뜻을 위하여
너희에게 소원을 두고
행하게 하시나니
(빌립보서 2:13)

나의 소원과 하나님의 뜻은 서로 대립하는 것으로 생각하기 쉽습니다. 그러나 빌립보서의 말씀처럼 나의 소원이 모두 다 잘못된 것만은 아니고, 하나님의 기쁘신 일을 성취하기 위하여 우리에게 주신 소원일 수 있습니다.

하지만 내가 가진 모든 소원이 하나님의 뜻과 일치하는 것은 아닙니다. 요한일서의 말씀처럼, 우리의 소원은 육신의 정욕과 안목의 정욕과 이생의 자랑, 즉 세상으로부터 온 것일 수 있기 때문입니다. 말씀을 통해, 여러분의 소원을 점검해보십시오.

3 버킷리스트

버킷리스트란 '죽기 전에 꼭 해 보고 싶은 일을 적은 목록'을 말합니다. 영화 '버킷리스트'에서는 늙은 자동차 정비공 카터 챔버스와 재벌 사업가 에드워드 콜이 시한부 인생을 진단받고, 우연히 같은 병실을 쓰게 되면서 함께 '버킷리스트'를 실천하는 영화입니다. 그들은 아래와 같은 버킷리스트를 적고 이를 이루기 위해 여행을 떠나게 되는데 **"우리가 인생에서 가장 많이 후회하는 것은 살면서 한 일들이 아니라, 하지 않은 일들"**이라는 메시지를 전해주고 있습니다.

인생에서 기쁨을 찾았는가?
당신의 인생이 다른 사람들을 기쁘게 해주었는가?
– 영화 《버킷리스트 : 죽기 전에 꼭 하고 싶은 것들》

1. 장엄한 광경 보기
2. 낯선 사람 도와주기
3. 눈물 날 때까지 웃기
4. 무스탕 실베로 카레이싱
5. 스카이다이빙
6. 최고의 미녀와 키스하기
7. 영구 문신 새기기
8. 로마, 홍콩 여행, 피라미드, 타지마할 보기
9. 오토바이로 만리장성 질주
10. 세렝게티에서 사자 사냥

지금까지 우리는 가슴 뛰는 일에 대해 나누어 보고(PLAY1), 말씀에 비추어 소원을 점검해보는 시간을 가졌습니다. 이제 앞의 활동을 바탕으로, '죽기 전에 꼭 하고 싶은 것들'을 정리하는 시간(PLAY2)을 가져보려고 합니다. 말씀에 걸러진 가슴 뛰는 일들을 써 보세요.

PLAY.1 버킷리스트 작성하기

1.

2.

3.

4.

5.

6.

7.

아래 그림처럼 '배우기', '하기', '사기', '즐기기', '남기기' 등의 형태로 생각을 해 보시면, 좀 더 쉽게 작성하실 수 있습니다.

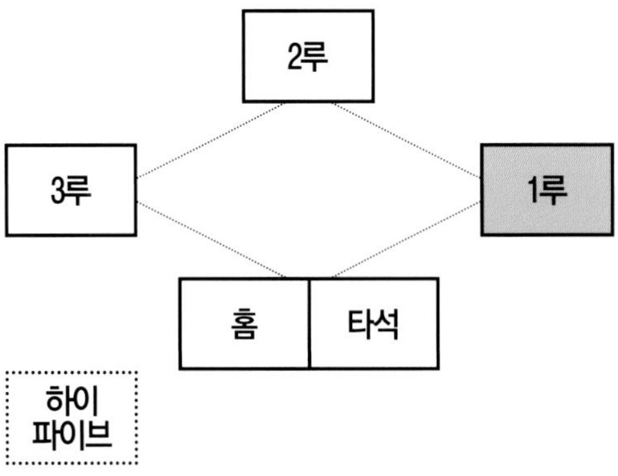
2루
3루
1루
홈
타석
하이
파이브

06 직업 흥미 검사

오늘의 경기 흐름

'나는 활발하고 외향적이야', '저 친구는 내성적이야'처럼 성격 특성에 관한 표현을 사용하거나 들어본 적이 있을 겁니다. 사람들은 누구나 독특한 성격과 행동 특성을 가지고 있습니다. 이번 시간에는 직업흥미검사를 바탕으로 자신의 성격과 흥미를 바탕으로 직업을 탐색하고 자신에 대해 깊이 있게 알아가는 시간을 가져봅시다.

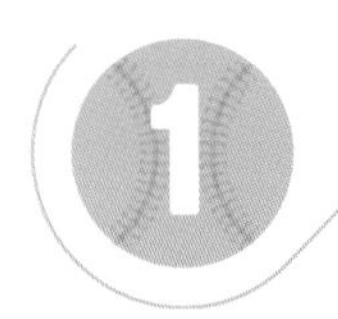

홀랜드 유형

직업 흥미 유형을 다른 말로 홀랜드 유형이라고도 합니다. 홀랜드(Dr. John L. Holland, 1919-2008)라는 심리학자가 개발하였기 때문입니다. 홀랜드는 직업을 선택할 때, 개인의 성격이나 행동이 중요한 영향을 미친다고 보았습니다. 보통 비슷한 직업적 흥미와 성격을 가진 사람들은 일하는 분야도 비슷하게 선택하는 경향이 있습니다. 이런 개인의 성격특성은 전공이나 취미활동, 일에 대한 선호도에 의해 확인할 수 있으며, 홀랜드는 이러한 사람들의 성격을 다음 6가지 유형으로 분류하였습니다.

직업 흥미 검사

커리어넷에서 **'직업흥미검사(H형)'**을 실시한 후에, 그 결과를 아래 빈 칸과, 그래프를 채워봅시다.

TIPS

직업흥미검사(K형)을 해 오는 경우가 종종 있습니다. 꼭 **H형**을 해 오도록 재차 언급해 주십시오.

예상과 비슷하게 나왔나요? 왜 그 유형이 높게 나왔을까요?

① 직업흥미검사 결과 상위 1, 2위 유형과 점수, 각 유형에서 추천한 추천 직업 중 마음에 드는 것을 기록합니다.

② 직업흥미검사 유형별 점수를 가지고, 자신의 직업흥미유형 그래프를 그려 봅니다.

PLAY. 1 직업흥미검사 결과

구분		1위	2위
직업 흥미 검사 결과	홀랜드 유형		
	점수		
	관심 직업		

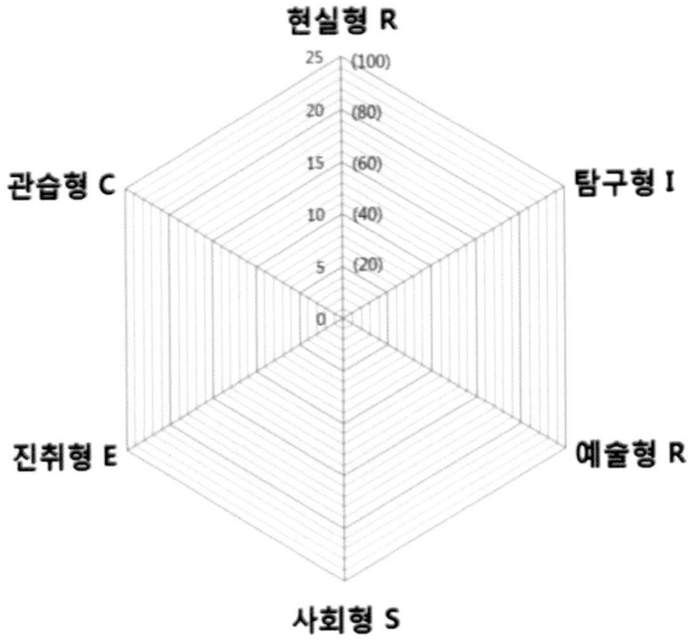

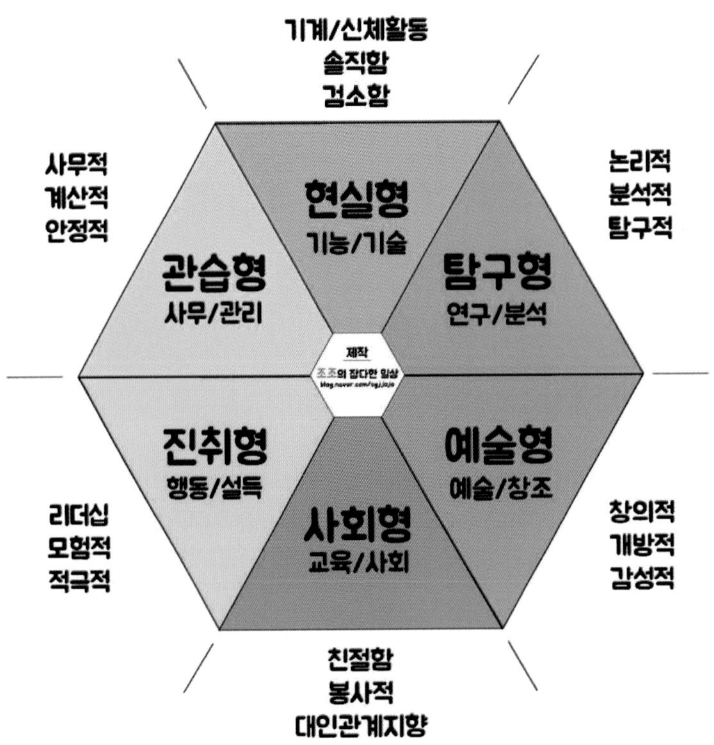

그림출처 https://blog.naver.com/sgjjojo/221181548280

친구들의 홀랜드 유형 기록해 보기

한 문장으로 표현하기

앞의 활동에서 나의 흥미유형을 찾았다면, 그 유형에 동그라미를 치고, 그 유형을 표현하는 특징들 중에서 나를 가장 잘 설명하는 '동사' 2가지를 찾아 체크해 봅시다.

현실형(R)	탐구형(I)	예술형(A)	사회형(S)	진취형(E)	관습형(C)
솔직하다	탐구심이 많다	상상력이 풍부하다	다른 사람에게 친절하다	지도력이 있다	책임감이 있다
성실하다	논리적이다	감수성이 강하다	이해심이 많다	설득력이 있다	빈틈이 없다
검소하다	분석적이다	자유분방하다	남을 도와주려 한다	열성적이다	계획성이 있다
소박하다	합리적이다	개방적이다	봉사적이다	경쟁적이다	조심성이 있다
말이 적다	지적 호기심이 많다	예술에 소질이 있다	인간관계 능력이 높다	야심적이다	변화를 좋아하지 않는다
신체적으로 건강하다	수학적 적성이 높다	창의적 적성이 높다	사람들을 좋아한다	외향적이다	사무 능력이 높다
기계적 적성이 높다	과학적 적성이 높다			통솔력이 있다	계산 능력이 높다
				언어 적성이 높다	

위에서 찾은 나를 잘 나타내는 특징과 흥미유형, 그리고 가장 관심 있는 직업과 그 이유를 아래 한 문장으로 정리해 봅시다. 그리고 조원들과 함께 나눠봅시다.

PLAY. 2 한 문장으로 표현하기

나는 ____________, ____________, 의 ____________형이고,

나의 관심직업은 ________________입니다.

이 직업을 좋아하는 이유는 ______________________ 때문입니다.

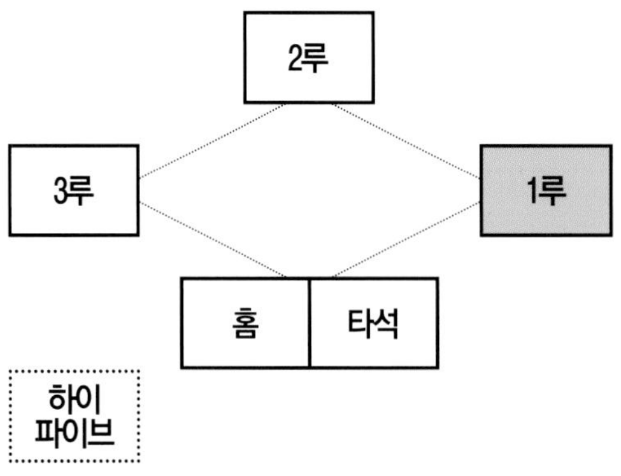
2루
3루
1루
홈
타석
하이
파이브

직업 카드

오늘의 경기 흐름

자신이 무슨 일을 좋아하는가는 스윗스팟을 찾는데 있어 매우 중요한 물음입니다. 오늘 경기를 통해 우리는 다양한 직업에 대해서 알아보고, 직업카드 분류 작업을 통해 자신을 더 잘 이해하는 시간을 갖게 될 것입니다.

1 직업 카드

여러분이 좋아하는 직업은 무엇인가요? 오늘은 내 안에 '소원(빌 2:13)'을 생각하면서 '직업 카드'를 가지고 선호하는 직업을 찾아봅시다. 직업 카드는 여러 종류가 있는데(그 중 한 종류를 선택하십시오), 다양한 직업들을 탐색하기 위해 제작된 것으로, 청소년 수준에 맞춰 대표 직업을 엄선해 만들어진 것들이 많이 있습니다. 카드 한 장에 한 직업씩 정리해 직업에 대한 소개와 특징들을 알기 쉽게 안내해 줄 것입니다. 자, 이제 직업 카드 활동을 통해 직업의 세계로 빠져봅시다.

카드들을 꺼내 '좋아하는 직업'과 '싫어하는 직업', 좋아하지도 싫어하지도 않는 '결정할 수 없는 직업'으로 분류해 봅시다.

마음에 드는 그 직업을 우리가 선호하는 이유가 있습니다. '좋아하는 직업' 카드만 따로 빼서, 그 직업을 선택한 이유가 같은 것끼리 묶어 봅시다. (반대로 '싫어하는 직업' 카드도 이유가 같은 것끼리 묶어 봅시다) 그 이유는 무엇입니까?

PLAY. 1 마음에 드는 직업과 선호하는 이유 찾기

1) 먼저 직업카드의 앞, 뒷면을 하나씩 살펴보며, '좋아하는 직업'을 골라봅니다. (시간적인 여유가 있다면, '싫어하는 직업'과 '결정할 수 없는 직업'까지 3가지로 분류해 봐도 좋지만, 오늘은 '좋아하는 직업'만 골라내 보도록 하겠습니다)
2) '좋아하는 직업'이 너무 적거나 너무 많으면, 다음 활동을 하기가 어려우니, 10~20개 정도로 다시 골라냅니다.
3) 고른 '직업 카드'를 좋아하는 이유가 같은 직업끼리 분류하고, 그 직업이 좋은 이유와 직업명을 정리합니다.
4) 좋아하는 직업 카드를 홀랜드 유형에 따라 분류합니다. 1순위 직업의 홀랜드 유형은 무엇인지 써 봅시다.

1) 고른 직업카드를 "좋아하는 이유가 같은 직업"끼리 분류하고, 좋아하는 이유를 적어보세요.

직업명들	좋은 이유 (공통점)

2 좋아하는 직업 카드의 홀랜드 유형은?

이번에는 좋아하는 직업 카드들을 홀랜드 유형에 따라 분류해보세요. 각 유형별로 몇 개씩의 카드가 모였나요? 내가 좋아하는 직업들은 어떤 유형에 가장 가깝나요?

PLAY. 2 좋아하는 직업 카드의 홀랜드 유형 확인하기

좋아하는 직업 카드	R	I	A	S	E	C
카드 개수						
순위						

직업카드 활동을 하면, 우리는 어떠어떠한 이유 때문에 어떤 직업들을 좋아하는지(또는 어떠어떠한 이유 때문에 어떤 직업들을 싫어하는지) 확인할 수 있으며, 그 직업들이 주로 어떤 홀랜드 유형과 연결되어 있는지 확인할 수 있습니다.

여러분이 선택한 좋아하는 직업 카드들은 어떤 홀랜드 유형 카드가 많은가요?

직업흥미검사와 직업카드 결과가 불일치해요

앞의 과에서 했었던 직업흥미검사와도 홀랜드 유형이 일치하나요? 일치할 수도 있고, 그렇지 않을 수도 있습니다. 확인하는 방법의 성격이 다르기도 하고, 또 모든 직업이 딱 한 유형으로만 한정 지어지는 것은 아니기 때문입니다.

예를 들어 똑같은 요리사라도, '예술형의 요리사'(눈으로도 즐길 수 있는 요리, 플레이팅 등에 강점)와, '탐구형의 요리사'(새로운 요리 개발 등의 강점), '진취형의 요리사'(프랜차이즈 식당 사업 등에 강점)는 각각의 다른 모습으로 직업을 수행할 수 있기 때문입니다.

그림출처 : https://post.naver.com/viewer/postView.nhn?volumeNo=30460406&memberNo=1006583

요리사

"재료를 여러 방법으로 조리해서 다양한 맛을 만들어내거나 새로운 음식을 만들어요."

어떤 일을 하나요?

- 준비한 재료에 여러 가지 방법을 가해서 음식을 만드는 사람입니다.
- 주문서나 식단 계획표에 따라 재료를 준비하고, 식료품의 상태를 검사하고 관리합니다.
- 각종 조리 기구를 사용하여 조리법에 따라 음식을 조리하며, 음식의 맛과 영양상태 등도 점검합니다.
- 남은 재료를 손질해서 보관하고 식기, 요리기구, 요리실 안을 정리합니다.

지식	흥미	가치관
식품생산 생물 예술 의료 화학	예술형 (A형) 현실형 (R형)	고용안정 다양성 개인지향 성취 경제적 보상

그림출처 : 커리어넷 https://post.naver.com/viewer/postView.nhn?volumeNo=30460406&memberNo=1006583

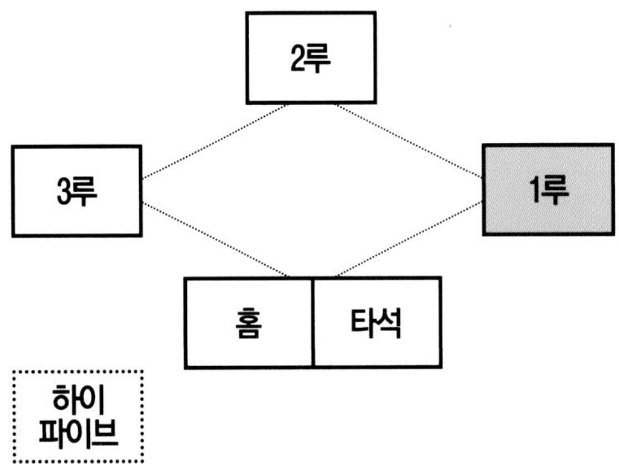
2루
3루
1루
홈
타석
하이
파이브

덕업일치

오늘의 경기 흐름

내가 무슨 일을 좋아하는가는 스윗스팟을 찾는데 있어 매우 중요한 물음입니다. 자신의 '덕질'에 대해 친구들에게 설명하다 보면 왜 이것을 좋아하는지, 얼마나 좋아하는지, 앞으로 무엇을 해 보고 싶은지 스스로 깊이 있게 생각해볼 수 있습니다. 오늘 경기를 통해 우리는 자신의 '덕질'에 대해 친구들에게 소개하고, 친구들의 숨겨진 관심사도 알아보는 시간을 갖게 될 것입니다.

1 덕질

시간 가는 줄 모르고 집중하는 것이 있나요? 우리를 몰입하게 만드는 어떤 것은 우리가 어떤 사람인지를 잘 설명하는 것일지도 모릅니다. '덕질'이란 자신이 좋아하거나 관심 있는 분야에 심취하여 그에 대한 것들을 모으거나 찾는 행동을 뜻하는 말로, 자신이 좋아하는 어떤 한 분야를 깊이 파고드는 것을 말하기도 합니다. 여러분은 덕질하고 있는 분야가 있나요? 있다면, 한번 기록해 봅시다.

tip. 학생들에게 질문하고, 한 두명이 어떤 덕질을 하는지 간단하게 들어 봅시다.

PLAY.1 나의 덕질 내용 기록해 두기

덕업일치?

덕질이 직업으로 연결될 수도 있을까요? 이미 많은 사람들이 자신의 덕질과 일을 연결시켜 직업으로 가진 경우가 많습니다. 좋아하는 일(취미)이 직업으로까지 이어진 것이지요.

한편, 덕질이 꼭! 일과 연결되지 않아도 됩니다. 덕질은 위대한 업적이나 결과물을 위해 하는 것이 아니라, 정말 자신의 행복을 위해 하는 것이 때문입니다. 소소하고 쓸모없어 보여도 좋아하는 일과 대상에 경험을 쌓는 것 자체로 행복하게 빛날 수 있습니다.

그러므로 덕질은 시간을 허비하는 것이 아닙니다. 사랑하는 것에 시간을 내는 것은 결코 낭비가 아니니까요. 새를 너무 좋아해서 어릴 때부터 새 영상을 찍는 일에 몰두하며 행복감을 느끼는 유튜버도 있고, 원래 직업은 지휘자인데 게임을 좋아해서 게임 음악을 오케스트라로 공연하는 지휘자도 있습니다. 이처럼 취미와 전공 분야가 만나면 새로운 장르를 만들어 내기도 하는 거죠.

출처 : [2018 교육방송 연구대회] 유튜브 영상, 일에서 찾는 즐거움, 덕업일치!

TIPS

〈관련 영상 보기〉 "진솔" : 게임 오타쿠 지휘자 / "김현철" : 지휘 / "김어진" : 새 덕후 / "한성윤" : WBC 야구 기자

3 덕밍아웃

덕질 + 커밍아웃

나의 '덕질'을 친구들 앞에서 솔직하게 소개하는 시간!

평소에 덕질하는 게 없고, 이런 것도 덕질인지 고민이 되더라도, 나의 시간과 마음을 쏟는 것이 무엇인지 생각해 보는 시간을 만들어 보세요. 자신이 좋아하는 드라마와 명대사, 만화, 스포츠, 뮤지컬, 음악, 아이돌, 보드게임, 반려동물, 언어 등등 어떤 것이든 좋습니다. 조금은 부족하더라도 이 시간이 진짜 '나'를 알아가는 과정이 될 수 있습니다.

PLAY. 2 친구들에게 덕질을 이렇게 소개해요.

★ 덕질을 하게 된 계기(언제부터, 꽂힌 이유)
★ 덕질의 내용 소개하기
★ 그 외의 이야기하고 싶은 모든 것

덕밍아웃 발표회

TIPS

친구들의 다양한 덕질을 주의 깊게 듣고, 관심을 가져주고 반응해 주세요. 궁금한 내용이 있다면 메모해 두었다가 질문해 주세요.

친구들의 덕질 내용, 질문하고 기록하기

여러분 자신을 더 알게 되셨나요? 친구들을 더 잘 이해하게 되셨나요? 덕질생활에 대해 새롭게 이해하게 되셨나요? 덕밍아웃 발표회를 가지면서, 느낀 점을 나눠 봅시다.

덕밍아웃 발표회를 마친 후, 소감 나눔

사랑하면 참으로 알게 되고, 알게 되면 참으로 보게 된다.
알게 되면 참으로 아끼게 되고, 아끼고 나면 참으로 보게 되며,
보이게 되면 이를 소장하게 되는데, 이것은 그저 쌓아두는 것과는 다르다.
- 유한준, 조선 후기 문장가이자 서화가 -

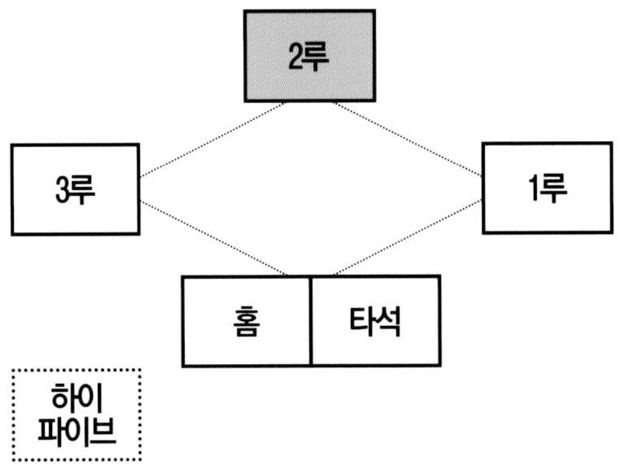
2루
3루
1루
홈
타석
하이
파이브

09 강점 인터뷰

오늘의 경기 흐름

하나님이 누구에게나 은사와 재능을 선물로 주셨다고 하는데, 내 강점은 무엇인지 쉽게 대답하기 어렵습니다. 어떤 이들에게는 모래밭에서 바늘 찾기처럼 어렵게 느껴집니다. 그러나 그렇다고 해서 우리에게 주신 선물이 없는 것은 아닙니다. 내 강점을 찾는 다양한 방법들을 통해, 나의 강점을 발견해 봅시다.

*지난 과까지 우리는 우리의 '흥미'(좋아하는 것)에 대해 살펴보았습니다. 이제 9~12과에서는 우리의 '강점'(잘하는 것)에 대해 살펴보려 합니다. 우리가 어떤 것을 좋아하게 지음받았다면, 그 흥미가 우리의 스윗스팟과 연결되어 있을 가능성이 높은 것처럼, 우리가 어떤 것을 잘한다면, 그것 역시 우리의 스윗스팟과 연결되어 있을 가능성이 높습니다.

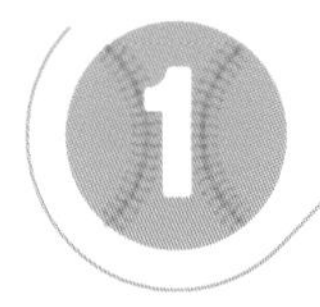

'은사와 재능'(강점)을 발견하는 방법

자신의 '은사와 재능'(강점) 등을 살펴보는 방법으로는 여러 가지가 있습니다.

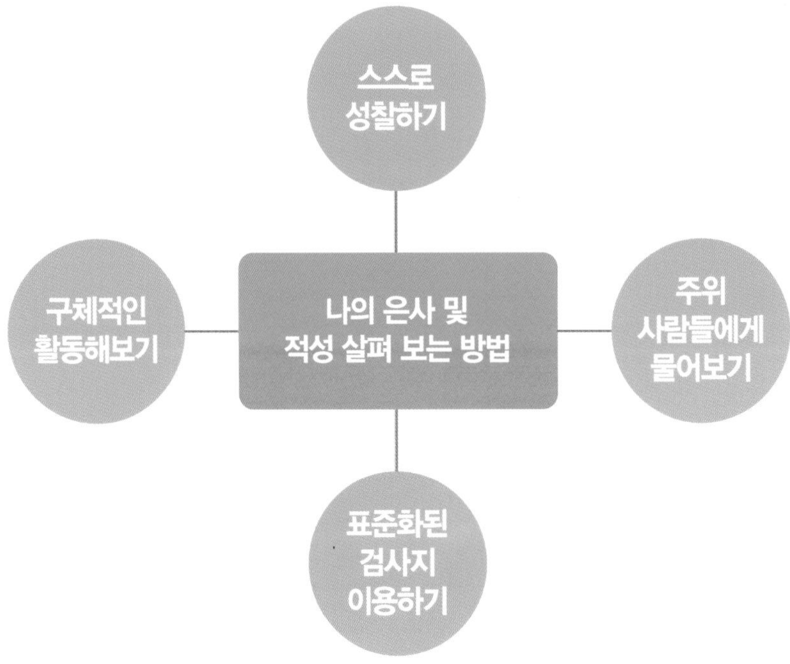

성찰 : 먼저, '스스로 성찰해보는 방법'이 있습니다. 나의 장점과 단점에 대해서 곰곰이 생각해 보는 것인데, 자신의 모습을 깊이 있게 살펴볼 수 있지만 객관적 평가는 될 수가 없습니다.

피드백 : 또, '주위 사람들에게 물어보는 방법'이 있습니다. 부모님과 선생님, 친구들에게 물어보는 것이지요. 다른 사람들의 평가가 틀릴 수도 있지만, 나를 잘 아는 사람들이라면, 스스로는 전혀 볼 수 없었던 어떤 부분들을 알려줄 수도 있을 것입니다.

경험 : '어떤 활동을 구체적으로 해 봄'으로써 알 수도 있습니다. 예를 들어 요리사가 적성에 맞는지 알기 위해, 요리를 직접 해서 다른 사람들에게 제공하는 경험을 하는 것입니다. 관심 있는 일이라고 모두 인턴이나 취업을 해 보기는 어렵겠지만, 간접적인 다양한 체험은 가능할 수도 있습니다.

검사 : 마지막으로 '표준화된 검사지'를 이용하는 것입니다. 대부분의 검사들이 '자기 기술식 검사'로 이루어진 경우들이 많기 때문에 가지는 한계가 있지만, 표준화된 검사지는 객관적인 수치에 근거하여, 어느 정도 강점을 가지고 있는지를 확인할 수 있다는 장점을 가지고 있습니다.

스윗스팟은 여러 방법들을 함께 활용하면서 우리의 진로 탐색을 보다 적극적으로 펼쳐갈 예정입니다. 은사와 재능의 씨앗을 우리에게 주셨기에, 우리는 기도하면서 그 재능을 얻게 되기도 하고, 발견하고 발전시키기도 하는 것입니다. 스윗스팟을 하는 동안 나에게 어떤 강점이 있는지 살펴 봅시다.

강점 인터뷰

강점을 찾는 방법은 여러 가지가 있습니다. 그 중 하나가 나를 잘 아는 다른 사람들의 피드백입니다. 아래의 강점 인터뷰 활동을 통해, 먼저 자신의 강점을 한번 생각해 보고, 친구들끼리 서로 강점을 써 주는 시간을 가져 봅시다.

PLAY.1 **(1) 자기 인터뷰**

구분	강점1	강점2	강점3
나			

[참고자료] 강점 list

리더십, 에너지 넘침, 용기, 순수함, 책임감, 낙천적, 자비로움, 사려깊음, 꼼꼼함, 포용력, 의리, 강인함, 자신감, 윤리적, 겸손함, 충성심, 밝음, 솔직함, 분석적, 완벽함, 전통적, 인정많음, 이해력, 부지런함, 명랑함, 소신있음, 재치, 희망적, 쾌활함, 결단력, 순발력, 배려, 민첩함, 섬세함, 낭만적, 평화, 유연함, 정확함, 적응력, 조화, 성실, 융통성, 헌신, 건강함, 정직, 카리스마, 명확함, 절제됨, 도전적, 모범적, 협상능력, 정의로움, 열정적, 탁월함, 소박함, 집중력, 명석함, 창의적, 가능성, 균형, 독립정신, 주도적, 추진력, 승부욕, 분별력, 적극적, 섬세함, 의지력, 이해심, 전문성, 논리적, 현실적, 사랑, 따뜻함, 집념, 신뢰, 친절, 검소함, 설득력, 통찰력, 호기심, 긍정적, 신중함, 세련됨, 대처능력, 탐구심, 부드러움, 유머감각, 인내심, 여유로움, 우아함, 공정함

TIPS

강점은 자유롭게 쓸 수 있으며, 꼭 여기서 골라야 하는 것은 아닙니다. 강점 list 는 강점을 찾는데 도움을 주기 위한 참고자료일 뿐입니다.

(2) 지인 인터뷰 : ○○○의 강점은 무엇이라고 생각하십니까?

"나를 보면 떠오르는 단어 3가지를 적어주세요"

구분	강점1	강점2	강점3
1			
2			
3			
4			
5			
6			
7			
8			
9			
10			

TIPS

스마트폰 등을 사용할 수 있는 환경이며, 친한 지인들에게 문자를 보내어 그들이 보는 나의 강점 3가지씩 보내달라고 요청할 수도 있습니다. 사전에 부모님, 선생님, 목사님 등 어른들에게 인터뷰해서 받아오도록 하셔도 좋습니다.

3 Best 강점

강점 인터뷰를 통해 가장 많이 나온 강점들에는 어떤 것이 있었나요? 기록된 나의 강점 중에 '가장 마음에 드는 강점' 3개를 골라봅시다. 어떤 강점이 마음에 들었나요? '인터뷰 하면서 어떤 마음이 들었는지'도 나눠 봅시다.

PLAY. 2 마음에 드는 강점 3가지? 강점 인터뷰를 한 소감?

구분	강점1	강점2	강점3
Best			

강점 인터뷰 후 소감

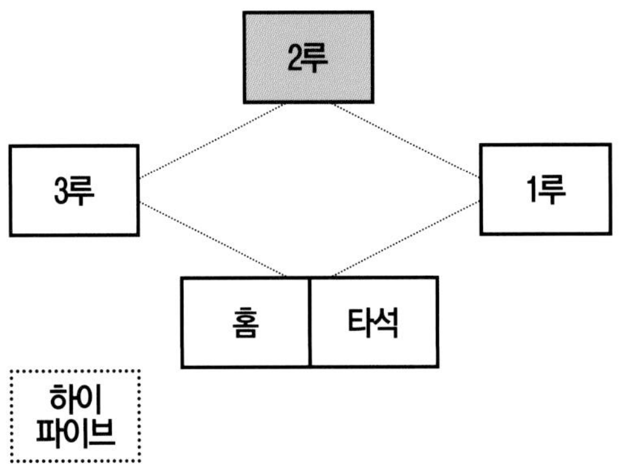
2루
3루
1루
홈
타석
하이
파이브

10 직업 적성 검사

오늘의 경기 흐름

지난 시간 '스스로 성찰하기'와 '지인들을 통해 듣기'를 통해 내 강점을 찾아봤습니다. 이번 시간에는 '검사를 통한 강점 찾기'를 해 보려고 합니다. 우리가 활용해 볼 수 있는 다양한 검사도구들이 개발되어 있습니다. 오늘은 그 중 '직업적성 검사'를 통해 나의 적성과 강점을 찾아봅시다.

직업적성검사

'직업적성검사'는 직업과 관련된 다양한 능력을 어느 정도로 갖추고 있는지 알아볼 수 있는 검사입니다. 검사기관마다 검사 내용과 영역이 조금씩 다른데, 우리는 한국직업능력개발원에서 운영하고, 교육부가 지원하는 '커리어넷(www.career.go.kr)'을 통해 이 검사를 해 보려 합니다.

커리어넷 〉 진로심리검사 〉 중,고등학생용 〉 직업적성검사

TIPS

중학생용은 66문항으로 20분 정도 소요되며, 고등학생용은 88문항으로 30분 정도 소요됩니다. 시간이 오래 걸리니, 검사는 사전에 과제로 해 오게 하거나, 1차시를 따로 떼어 검사하는 시간으로 삼으시는 것이 좋습니다.

직업적성검사란?
적성이란, 특정 영역(학업, 업무 등)에서 능력을 발휘하는 잠재적인 가능성을 말합니다.
이 검사는 직업과 관련된 다양한 능력을 여러분이 어느 정도 가지고 있는가를 스스로 진단하는 검사입니다.
직업적성검사는
청소년 대상(14~19세)의 검사입니다.
검사 정보를 확인해주세요.
검사정보에 따라 검사결과가 달라집니다.
비회원은 결과 재확인 및 누적 관리를 제공하지 않습니다.
성별
남자
여자
검사구분
선택하세요.
학년(나이)
* 비회원은 결과 재확인 및 누적 관리를 제공하지 않습니다.
해당 내용을 확인했습니다.
예
아니오
회원가입하기

출처: https://www.career.go.kr/inspct/web/psycho/vocation

직업 적성 살펴보기

검사 결과를 살펴보기 전에, 먼저 아래 적성의 정의를 읽고, 빈 칸에 적절한 적성을 찾아 적어봅시다.

PLAY.1 11가지 직업 적성 기록하기

창의력
신체·운동능력
언어능력
손재능
수리·논리력
공간지각력
자기성찰능력
음악능력
대인관계능력
예술시각능력
자연친화력

적성	적성 정의
	기초 체력을 바탕으로 효율적으로 몸을 움직이고 동작을 학습할 수 있는 능력
	손으로 정교한 작업을 할 수 있는 능력
	머릿 속으로 그림을 그리며 생각할 수 있는 능력
	노래 부르고, 악기를 연주하며, 감상할 수 있는 능력
	새롭고 독특한 방식으로 문제를 해결하고, 아이디어를 내는 능력
	말과 글로써 자신의 생각과 감정을 표현하며, 다른 사람의 말과 글을 잘 이해할 수 있는 능력
	논리적으로 사고하여 문제를 해결하는 능력
	자신의 생각과 감정을 알며, 자신을 돌아보고, 감정을 조절할 수 있는 능력
	다른 사람들과 더불어 살아가는 능력
	인간과 자연이 서로 연관되어 있음을 이해하며, 자연에 대하여 관심을 가지고 탐구·보호할 수 있는 능력
	선, 색, 공간, 영상 등에 민감하게 반응하고 조화롭게 재구성할 수 있는 능력

우리의 적성은 모두 다릅니다. 쌍둥이마저도 서로 다를 수 있습니다. 아래의 나의 적성 검사표를 완성해 보고, 자신의 강점 적성 1,2,3순위 결과와, 강점 적성과 연관하여 추천해 주는 직업 중에서 나에게 잘 맞을 것 같은 직업을 나눠봅시다.

PLAY. 2 직업적성검사 결과 기록하기

구분	적성영역										
	신체 운동 능력	손 재능	공간 지각력	음악 능력	창의력	언어 능력	수리 논리력	자기 성찰 능력	대인 관계 능력	자연 친화력	예술 시각 능력
백분위 점수*											
순위											

	1순위	2순위	3순위
나의 강점 적성은?	능력 :	능력 :	능력 :
	직업 :	직업 :	직업 :

*백분위 점수의 이해 : 그 점수 이하의 사람들의 퍼센트를 의미합니다. 예를 들어 공간지각 능력이 75%라면 그 점수 이하의 사람들이 전체의 75%라는 것입니다. 백분위가 만약 95%로 나왔다면 그 점수 이하의 사람들이 95%라는 의미로 상위 5%에 해당된다는 말이기에 아주 높은 적성을 갖고 있다고 분석하시면 됩니다. 검사결과 백분위 점수도 중요하지만 높게 나타난 영역간의 관계성도 잘 살펴보아야 합니다. 직업과 관련되어 각 직업들은 어느 한 부분의 적성만 요구하는 것이 아니기 때문입니다. 잠재되어있는 적성을 알아보는 검사이기에 검사결과만에 의존하지 말아야 합니다.

우쭐하거나 좌절하지 말기

직업적성검사는 능력을 측정할 수 있는 질문을 하기 위해 노력하고 있지만, 진짜 능력을 측정한 것은 아니기 때문에, 그 점수 결과가 그 사람의 정확한 능력이라고 말하기가 어렵습니다. 그러므로 검사 결과가 그대로 자기 자신이라고 생각할 필요도 없고, 다른 친구들과 비교하면서 우쭐해하거나, 좌절할 필요가 없습니다. 검사 결과는 단지 자신에 대해 생각해 보는 도구 정도로만 이해하시는 것이 좋습니다.

오늘 활동을 통해, 나의 직업 적성에 대해서 느낀 점이나 새롭게 깨달은 점이 있다면 나눠봅시다.

직업 적성 검사 후 느낀 점

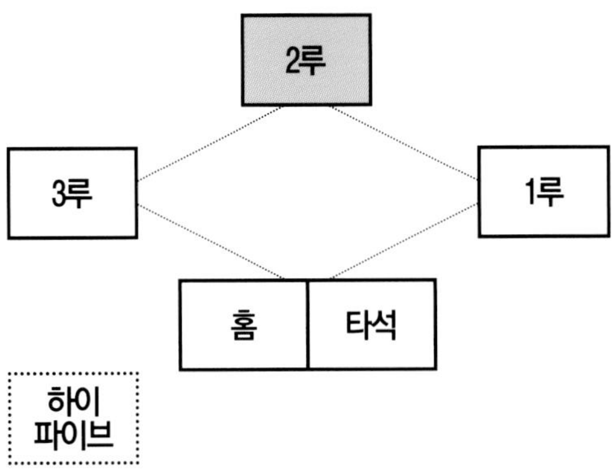
2루
3루
1루
홈
타석
하이
파이브

11
특별한 선물

오늘의 경기 흐름

여러분은 어떤 선물을 받을 때 기분이 좋은가요? 하나님이 특별한 선물을 주신다면 기분이 어떨까요? 이번 시간에는 하나님께서 우리에게 주신 선물들에 대해 생각해보고자 합니다.

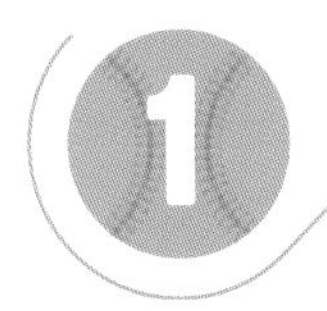

하나님이 주신 선물

하나님은 우리 모두에게 독특한 은사와 재능(Gift)을 주셨습니다. 그러므로 "누구에게나 재능은 있습니다". 그러나 많은 친구들은 "나에게는 주지 않으신 것 같다"고 말하기도 합니다. 여러분은 어떻습니까? 여러분에게 주신 은사와 재능을 써 보라고 하면, 얼마나 많이 쓸 수 있으실까요? 1~2분 정도 시간을 드릴 테니, 생각나는대로 여러분의 장점을 한번 써 보십시오.

PLAY.1 내가 하나님께 받은 선물(gift), 나의 '은사와 재능'(장점)을 적어보세요.

어떤 친구는 10개 이상의 장점을 썼을 수도 있고, 어떤 친구는 1개도 쓰지 못했을 수도 있습니다. 왜 어떤 친구들은 장점을 많이 쓰지 못했을까요? 그 이유는 나는 남들보다 잘하는 것이 별로 없는 것 같고, 주변 사람들에게도 무언가 잘한다는 이야기를 잘 못 들었으며, 실제로 성적도 좋지 않기 때문에 그렇다고 생각할 수 있습니다. 그러면 정말 그 사람은 장점이 없는 걸까요?

https://m.blog.naver.com/10048824/221211083194

그러나 하나님의 말씀은 다르게 이야기하고 있습니다. 아래의 말씀은 우리 각 사람에게는 각각 하나님이 주신 재능과 은사가 있다는 것을 말해 주고 있습니다.

우리에게 주신 은혜대로 받은 은사가 각각 다르니
혹 예언이면 믿음의 분수대로, 혹 섬기는 일이면 섬기는 일로,
혹 가르치는 자면 가르치는 일로, 혹 위로하는 자면 위로하는 일로,
구제하는 자는 성실함으로, 다스리는 자는 부지런함으로,
긍휼을 베푸는 자는 즐거움으로 할 것이니라(로마서 12:68)

각각 그 재능대로 한 사람에게는 금 다섯 달란트를,
한 사람에게는 두 달란트를(마태복음 25:15)

단 지파 아히사막의 아들 오홀리압이 그와 함께 하였으니
오홀리압은 재능이 있어서 조각하며(출애굽기 38:23)

이 히람은 모든 놋 일에 지혜와 총명과
재능을 구비한 자이더니(열왕기상 7:14)

내가 잘하는 것

평소에 내가 생각하는 나 자신을 돌아보고 내가 잘하는 것이 무엇이 있는지 자신 있게 적어봅시다. 그 후 친구들이 돌아가면서 롤링 라이팅(rolling writing) 방법을 사용해서 그 장점을 보완, 추가, 수정 등을 해 봅시다.

TIPS

롤링 라이팅 방법 안내

1) 모든 학생들은 색깔이 다른 유성 펜을 준비한다.
2) 'Play 내가 잘하는 것?'를 펼친다.
3) 자신이 잘하는 장점을 책에 기록한다. (5개 내외)
4) 오른쪽으로 돌아가면서, 친구가 쓴 장점에 다른 친구들이 보충, 추가하는 내용을 적는다.(다 쓰고 나면 책이 다시 자기에게 올 때까지 오른쪽으로 돌린다.)

롤링 라이팅(Rolling Writing) = 롤링 페이퍼 + 브레인 라이팅

롤링 라이팅은 롤링 페이퍼와 브레인 라이팅을 합쳐서 만든 아이디어 수집 방법으로, 각 사람의 아이디어에 그룹 구성원들이 보충, 추가 의견을 댓글로 달아주어, 더욱 풍성하게 의견을 모아가는 방식입니다.

PLAY. 2 내가 잘하는 것?(rolling writing)

롤링 라이팅을 통해, 여러분이 발견한 여러분이 받은 선물을, "내가 보는 나의 주된 강점"과 "친구들이 보는 나의 주된 강점" 키워드로 정리해 봅시다.

내가 보는 나의 주된 강점	친구들이 보는 나의 주된 강점

3 좋아하는 것 vs 잘하는 것

'좋아하는 것'과 '잘하는 것'이 다르면 어떤 걸 선택해야 하느냐고 묻는 분들이 있습니다. 여러분의 생각은 어떻습니까?

어떤 사람들은 자기가 잘하는 일을 하면 재미가 있을 수밖에 없고, 남들보다 더 잘하니까 자신감이 넘쳐 신이 난다고 말합니다.

또 다른 사람들은 좋아하는 걸 선택하면 열정을 가지고 재밌게 일할 수 있고, 좋아서 하다 보면 결국 잘할 수 있다고 말합니다.

가장 이상적인 것은 둘이 만나는 것이겠지요. 하나를 위해 하나를 포기하는 것보다는, 둘이 만날 수 있는 다양한 가능성을 시간을 두고 탐색해 나가는 것이 필요하지 않을까요?

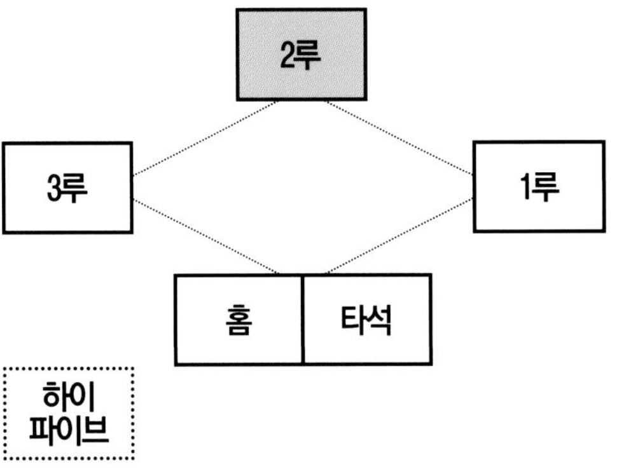
2루
3루
1루
홈
타석
하이
파이브

12
다중지능 이론

오늘의 경기 흐름

우리가 생각하는 '똑똑한 사람'은 어떤 사람입니까? 국어, 영어, 수학을 잘하는 친구를 떠올렸을 수 있습니다. 그런데 하워드 가드너라는 학자는 지능은 다양하고, 동등하다고 이야기합니다. 그것을 다중지능이론이라고 합니다. 오늘은 이 다중지능이론에 대해 살펴보고 내 강점 지능도 찾아보겠습니다.

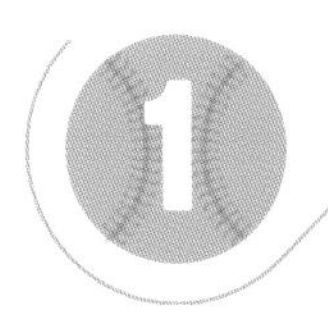

다중지능이론

지능을 이야기하면 우리는 보통 IQ를 떠올립니다. IQ의 정의는 '지능 발달을 검사를 통해 나타낸 수치'입니다. 그러나 IQ는 우리의 지능, 두뇌가 가진 잠재력을 충분히 설명할 수 없습니다. IQ 검사가 계산력, 기억력, 어휘력 등만을 평가하기 때문입니다. 다시 말해 IQ는 우리가 가진 능력의 일부만을 설명해줄 뿐입니다. 그런데 우리는 그동안 언어능력, 논리-수리능력 만을 지능이라고 생각하고, 이 점수가 높으면 '똑똑하다'라고 평가했습니다. 다중지능이론을 만든 교육학자 하워드 가드너(Howard Gardner)는 모든 사람이 가지고 있는 다양한 지적 능력들을 모두 지능이라고 불렀습니다. '국어, 영어, 수학'을 잘하는 아이만 지능이 높은 것이 아니라 운동, 미술을 잘하는 아이도 지능이 높다는 것입니다. 이것들 모두 우리 뇌 활동의 결과물들이 때문입니다. 다중지능은 다음 8가지입니다. 언어 지능, 논리수학 지능, 공간 지능, 음악 지능, 신체운동 지능, 인간친화 지능, 자기성찰 지능, 자연친화 지능이 있습니다.

https://world2016.modoo.at/?link=43cz6qc0

PLAY. 1 다중지능이론

다음 표는 다중지능과 그 하위영역들입니다. 항목을 읽으며 내가 잘한다고 생각하는 영역에 체크 표시를 해 봅시다.

다중지능	하위영역	내용	√
언어 지능	언어적 민감성	표현 및 창작 활동을 위해 어휘를 이용하는 능력	
	독해 능력	글을 읽고 이해하는 능력	
	작문 능력	시, 이야기 만들기, 편지쓰기와 같은 작문을 해내는 능력	
	언어적 설득	타인과의 협상이나 설득을 위해 효과적인 언어를 이용하는 능력	
논리수학 지능	계산 능력	계산을 하거나 수를 다루는 능력	
	문제해결 능력	조직, 문제해결, 논리적 추론, 호기심을 가지고 탐구하는 능력	
	기억 및 학습	효과적으로 기억하고 새로운 것을 학습하는 능력	
	추론능력	언어적 표현을 이해하고 논리적으로 사고하는 능력	
	수학능력	학교에서 수학을 잘하는 능력과 일상생활 속에서 수학을 효과적으로 이용할 수 있는 능력	
시각공간 지능	예술성	예술적 디자인, 묘사, 페인팅. 그림그리기, 공작 능력	
	구성 및 조립 능력	물건을 만들고 조립하고 조합하는 능력	
	창의적 상상력	관찰하는데 상상력을 이용하거나 예술적이고 독창적인 시각적 활동을 하는데 상상력을 발휘하는 능력	
음악 지능	음악성	음악, 리듬, 음조, 멜로디에 대한 민감성	
	가창력	다른 사람과 함께 조화롭게 노래하거나 올바른 음정과 박자로 노래하는 능력	
	감상	음악 감상하는 것을 즐기는 능력	
	악기	악기를 연주하는 기술과 공연의 횟수 정도	
신체운동 지능	운동성	균형 잡기, 스포츠와 같은 신체활동을 위해 전신을 움직이는 능력	
	신체운동 능력	신체로 표현하고 리듬에 맞추어 움직이는 능력과 연기력	
	손재주	정교함과 기술을 가지고 손을 이용하는 능력	

대인관계 지능	**리더십**	문제해결과정 속에서 리더십을 발휘하여 영향을 끼치는 능력	
	타인이해 능력	타인의 감정, 관점에 대해 이해하고 민감하게 반응하는 능력	
	사교성(팀협동력)	친구 및 형제자매와 좋은 관계를 유지할 수 있는 능력	
자기성찰 지능	**자기이해**	자신의 생각과 능력을 알고 결정을 내리는 능력	
	효과적 관계형성	다른 사람과의 관계 속에서 자신의 기분과 행동을 조절하고, 상대방에게 자신의 감정을 효과적으로 표출하는 능력	
	감정조절능력	자신의 감정이나 기분을 파악하여 조절하는 능력	
	목표 성취도	목표를 인식하고 목표에 비추어 자신을 관리하고 수정하는 능력	
자연탐구 지능	**동물에 대한 민감성**	동물의 행동, 필요, 특성을 이해하는 능력	
	식물에 대한 민감성	다른 종류의 식물을 인식하고 재배하는 능력	
	과학적 재능	자연에 대한 호기심과 흥미, 과학적 사고와 탐구하는 능력	

체크 표시가 많은 지능 3가지는 무엇입니까? :

다중지능을 활용한 소그룹 활동

다중지능의 의미를 좀 더 자세히 살펴보기 위해, 다중지능이 동일한 학생들끼리 소그룹 활동을 진행해 봅시다.

PLAY. 2 다중지능 수학여행

같은 지능이 나온 친구들끼리 그룹을 만듭니다. 그리고 우리가 함께 수학여행을 왔다는 상상을 해 봅시다. 여행 중에 그룹별로 자유시간 3시간이 주어졌습니다. 어떤 활동을 하고, 무엇을 준비해야 할까요? 그룹별로 논의한 내용을 발표해 봅시다.

우리 그룹 다중지능 :

여행 친구 명단 :

수학여행지 (상상하여 기록) :

〈3시간 자유시간에 대한 계획과 준비〉

그룹 별 발표에서 유형별 특징이 나타나나요?

3 강점 지능

다중지능이론에서는 우리에게 나타나는 강점 지능들이 잘 활용될 수 있는 직업군에서 일할 때, 우리는 행복하기도 하고, 좋은 성과를 얻을 수 있다고 이야기합니다. 가장 불행한 사람은 자신이 가진 강점을 전혀 살리지 못하는 일을 하며 살아가는 사람입니다. 여러분의 강점 지능 3가지를 써 보십시오. 그 강점 지능들이 결합될 수 있는 직업에는 어떤 것들이 있을까요?

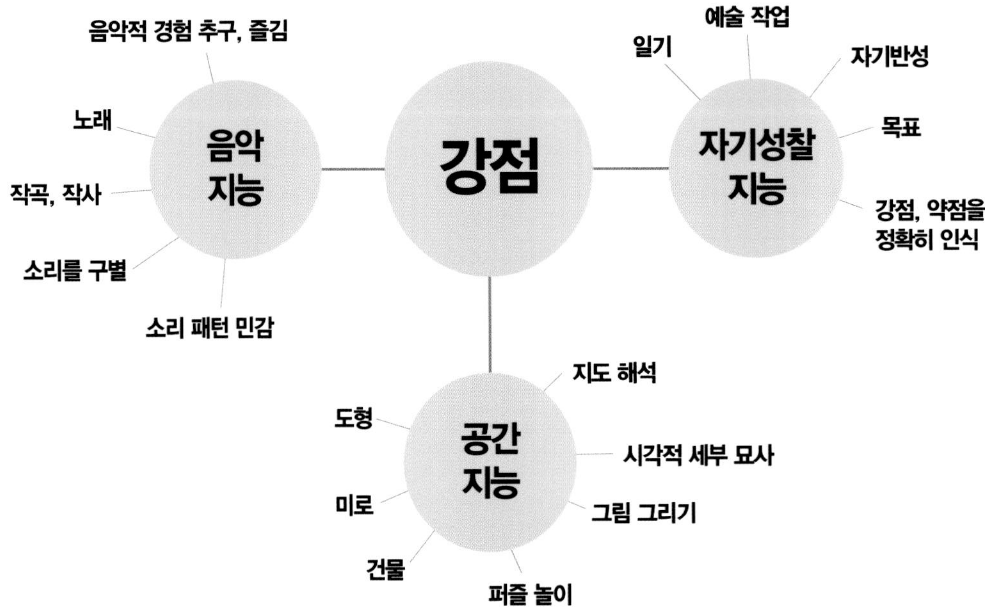

또한 다중지능이론에서는 우리가 가진 강점 지능을 활용해서, 우리의 약점 지능을 보완하라고 말하기도 합니다. 예를 들어 음악 지능이 뛰어난데, 언어 지능이 부족한 사람은 음악을 활용해서 언어 공부를 해 보면 도움이 될 수 있다고 말합니다. 자신이 강점이 있는 영역을 활용해서, 약점을 보완해 나가는 것입니다.

자신의 강점 지능과 약점 지능을 알고, 그것이 잘 활용되거나 극복되게 할 수 있다면, 우리는 좀 더 스윗스팟에 가까운 삶으로 나아갈 수 있을 것입니다.

※지금까지 1~12과를 통해 우리는 "하나님의 뜻과 나의 소원이 만나는 자리" 중 "나의 소원" 파트를 살펴보았습니다. 그리고 '자존감'(난 소중해), '흥미'(난 이게 재밌어), '강점'(난 이거 잘해)에 대해 살펴보았습니다. 13~24과를 통해 살펴볼 "하나님의 뜻"에 대해서도 기대해 주세요.

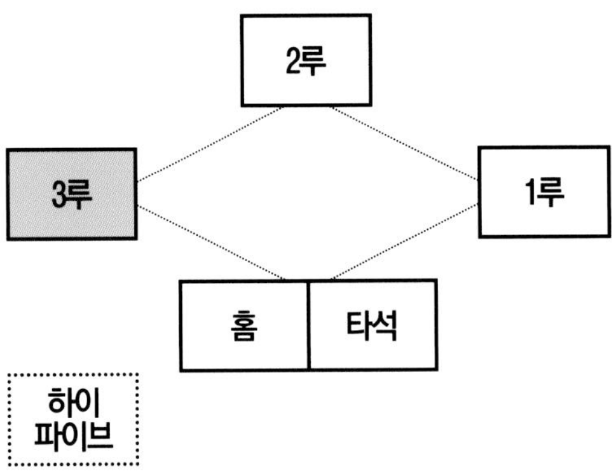
2루
3루
1루
홈
타석
하이
파이브

9번째 지능

오늘의 경기 흐름

하워드 가드너는 초기 7개의 지능에서 '자연친화지능'을 8번째 지능으로 추가한 뒤, 9번째 새로운 지능으로 '영성/실존지능'(Spiritual-Existential Intelligence)의 가능성을 언급한 적이 있습니다. '영성/실존지능'은 삶의 근본적인 의미를 추구하고, 인생에 대해 '심오한 질문(큰 질문)'을 할 줄 아는 지능을 말합니다. 이번 과에서는 9번째 지능에 대한 논의를 살펴보고, '삶의 방향성'이 왜 중요한지 생각해 봅시다.

*스윗스팟을 찾아가는 전반부에서는 "나의 소원"에 대해 고민해 보았습니다. 이제 후반부를 시작하려 합니다. 후반부 첫 단원인 13~16과를 통해서는 우리의 '가치 지향성'(난 이게 중요해)에 대해 살펴보고자 합니다. 진로교육이란 단지 어떤 직업을 가지고 살아갈 것인가만을 다루는 것이 아니고, 어떤 가치를 가지고 어떻게 살아갈 것인가를 다루는 것이기 때문에, 우리의 '가치 지향성'을 살펴보는 것은 매우 중요하다고 할 수 있습니다. 사람마다 중요하게 생각하는 '직업 가치'가 있다는 것을 이 단원에서 살펴보고자 합니다.

1 9번째 지능

KBS [세상을 바꾸는 9번째 지능] 제작팀(이소윤, 이진주)이 만든 방송과, 책 〈9번째 지능〉(청림출판, 2015)은, '영성/실존지능'의 의미를 더욱 주목하여 조명하고 있습니다.

하워드 가드너는 이 지능은 지능으로서 인정할 몇 가지 준거를 만족시키진 않지만, 전도 유망한 후보 지능이라고 평가하면서, 그러나 자신은 당분간 8과 2분의 1개의 지능에 만족할 것이라고 말했습니다. 9번째 지능으로 확정하는 일에는 한 발 물러섰지만, 그 가능성은 인정한 것이라 할 수 있습니다. (후에는 '영성지능'이라는 용어는 빼고, '실존지능'만 남겨 놓았습니다)

이에 대해 하버드대 교육대학원 조세핀 김 교수는 '같은 재능, 전혀 다른 삶'의 차이를 설명하는 것으로 9번째 지능을 강조하면서, 이 지능의 의미를 설명했습니다. 그녀는 괴테와 괴벨스를 예로 들면서, 괴테와 괴벨스는 둘 다 언어지능이 뛰어난 것으로 판단되지만, 한 사람은 이 지능을 위대한 작품을 창작하는데 활용한 반면, 다른 사람은 사람들 사이에 증오를 퍼뜨리는데 사용했다고 말합니다. 그러므로 이 9번째 지능(영성/실존 지능)은 '삶의 방향성'을 바꾸고, '8가지 다중지능을 완성시키는' 역할을 한다고 주장했습니다. 이러한 내용들은 우리에게 '재능의 방향성'이 얼마나 중요한지를 드러내 줍니다.

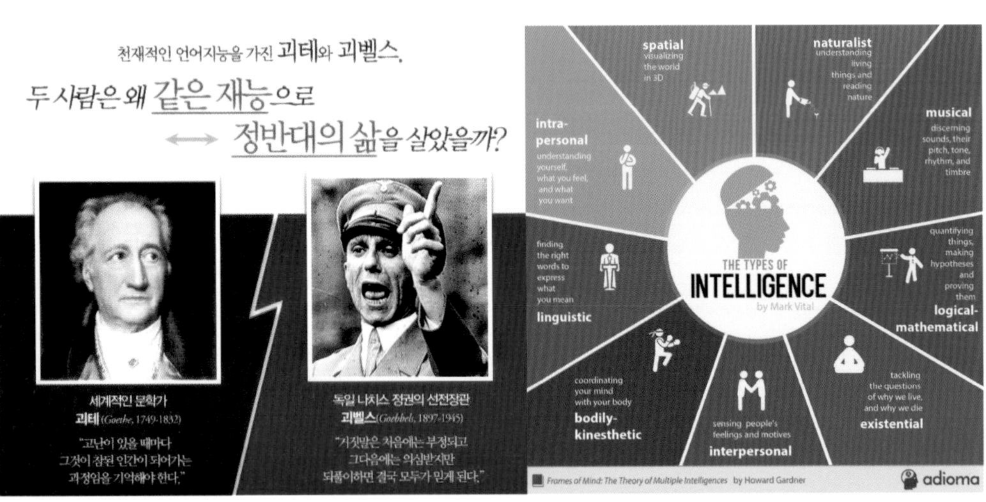

출처 : https://product.kyobobook.co.kr/detail/S000000600436

출처 : https://www.uthsc.edu/tlc/intelligence-theory.php

업을 위한 직

김정태 씨가 쓴 〈스토리가 스펙을 이긴다〉 (갤리온, 2010)에 보면, 이런 이야기가 나옵니다. 그는 '직업'에는 '직(職)'과 '업(業)'이 있는데, 이것을 나누어서 생각해 볼 필요가 있다고 말합니다. '직'(occupation)은 'S전자 상무', 'K고등학교 교사' 같은 직위로, 내가 직장에서 점유하고 있는 담당 업무를 말합니다. 직은 내가 아닌 누군가로 대체가능한 것으로, '이직'도 가능하고, 언젠가 마침내 '퇴직'하게 됩니다. 그러나 '업'(vocation)은 평생 붙들고 갈 인생의 과업으로, 나의 존재나 삶과 뗄레야 뗄 수 없는 무언가를 의미합니다. 소명, 사명 같은 단어로도 설명할 수 있으며, 이것은 퇴직(은퇴) 이후에도 지속되는 것이라고 말합니다. 그러므로 김정태 씨는 '직'보다 '업'이 더 중요하며, '업을 위한 직'이 되어야 한다고 말하고 있습니다. 분명한 '업'을 붙들고 있으면, '직'은 필요에 따라 다양하게 변화하면서, 그 업을 지속할 수 있다고 말합니다. 분명한 업은 반드시 그에 적합한 직을 부를 것이기 때문입니다.

그렇습니다. 정말 '직'보다 '업'이 중요합니다. 그러나 우리의 진로 설계 또는 진로 교육이라고 하는 것은 마치 나에게 맞는 '안정된 직'을 찾고자 하는 것처럼 이루어집니다. 그러나 '업'이 충분히 고민되지 않은 상태에서 갖게 되는 '안정된 직'은 오히려 '업'을 찾아가는 길을 방해합니다. 자신의 업을 찾아가는 여정으로 용기 있는 발걸음을 내딛지 못하게 만들어 버리기 때문입니다. '업'을 찾지 못한 상태에서, '안정된 직'에 익숙해져 버리면, 꾸준한 자기 개발을 게을리하게 될 수 있으며, 그래서 언젠가 그 안정이라는 것이 무너질 때, 더 깊은 방황을 하게 될 수도 있습니다.

여기서 '업'을 다른 말로 '소명'이라고 말할 수도 있고, 이 책에서 말하는 '스윗스팟'이라고 할 수도 있을 것 같습니다. 그러므로 '스윗스팟' 교육은 단순히 '안정된 직'을 찾아가는 과정이 아니며, 평생 자기의 삶을 끌고 갈 중요한 주제인 '업'을 발견하는 과정이라 할 수 있습니다. '삶의 방향성(지향성)'을 정하는 것이 진짜 진로 설계, 진로 교육이라 할 수 있는 것입니다.

PLAY.1 '업을 위한 직'

'안정된 직'을 추구하는 진로 교육에서 벗어나, '평생의 업'을 찾아가는 진로 교육으로 전환되어야 하는 이유를 깨달았나요? 깨닫게 된 것들을 나눠봅시다. 당신은 그 '업'(스윗스팟)을 하나님의 거대한 스토리와 연결해서 찾고 있습니까?

그런 의미에서 '스펙'이 아니라 '스토리'가 중요합니다. 그 '스토리'는 '다른 누구의 스토리'가 아니라, '나만의 스토리'이며, '하나님의 스토리와 연결된 스토리'여야 합니다. 우리의 삶이 하나님의 거대한 역사(His Grand Story)에 연결된 우리의 역사(My Story)가 되도록 해야 합니다. 그런 의미에서 '기독교적 진로교육'이란 '하나님의 이야기가 내 이야기로 연결되는 것'을 말합니다. 여러분의 삶의 이야기는 어떤 하나님의 이야기와 연결되고 있습니까?

3 가치를 지향하는 삶

9번째 지능이 높은 사람들의 특징은 '가치를 추구하는 삶'을 산다는 것입니다. 그들은 '삶의 근본적인 의미'에 대한 질문을 하고, '이익'을 선택하기보다 '가치'를 선택하는 삶을 살아냅니다. 대개 일반적인 사람들은 '나의 행복', '나의 출세', '나의 안전'을 가장 중요하게 생각하고, 그것에 머물게 됩니다. 그러나 이들은 '자기 이익'보다 '공동체적 가치'를 소중하게 생각하기 때문에, 타인과 세상을 위해 헌신하게 되고, 그래서 사회에서도 리더십을 갖고, 발휘하는 경향을 보여줍니다.

어느 한 중학교에서 있었던 일입니다. 도덕 교과를 가르치는 선생님께서 학생들에게 '가치로운 삶'에 대해 가르치고 싶으셔서, 다른 교과 선생님들(국어, 사회, 미술 등)과의 협업을 통해, 교육과정을 연계, 통합하여 프로젝트식 특별 수업을 몇 차시에 걸쳐서 했습니다. 그 특별 수업의 마지막 날, 한 학생이 손을 들고 이렇게 말했습니다. "선생님, 선생님이 무슨 말씀하시는지 잘 알겠습니다. 혹시 시험 문제에 어떤 삶이 옳으냐고 물으신다면, 말씀하신 그 삶이 옳다고 답할 것입니다. 그러나 저는 그렇게 살지는 않겠습니다. 그것은 저에게 이득이 되지 않기 때문입니다".

우리나라의 교육은 세계 어느 나라에 뒤지지 않는 학습량과, 높은 학업성취도 점수를 자랑합니다. 그러나 그 많은 공부와 재능이 무엇을 위해 어떻게 쓰여질 것인지를 다시 깊게 생각해 볼 필요가 있습니다. 우리의 교육이 길러내는 아이들의 모습이라는 것이 결국 "공부 잘하는 괴물"을 만들고 있는 것은 아닌지? '자기 이익을 최우선시하는 욕망'이라는 파도가 '타인의 안녕'이라는 방파제를 넘어설 때, 그 사회는 어떻게 될 것인지? 우리는 고민해야 합니다.

그러므로 우리 그리스도인의 진로는 좀 달라야 합니다. 어떤 안정된 직업을 가지고 살아갈 것인가? 가 아니라, 어떤 가치로운 삶을 살아낼 것인가? 에 우리의 관심이 있어야 합니다. 어떤 직업('명사')이 중요한 것이 아니라, 그것을 수식하는 삶의 방향성('가치 형용사')이 훨씬 중요합니다. 여러분의 삶의 지향을 담고 있는 '형용사'는 어떤 것입니까?

어느 어린이집에서 6~7세 정도 되는 아이들을 데리고 진로 교육을 한 적이 있습니다.

아직 학교도 안 간 아이들에게 진로교육이라니? 라고 생각하실 수도 있을 것입니다. 그 때 했던 진로 교육은 간단합니다. '직업명이 쓰여진 카드'를 만들어 가서, 다양한 직업에 대해, 어떤 일을 하시는 분들인지 알아보는 시간을 갖습니다. 이어서 '(가치를 담은) 형용사 카드'를 만들어 가서, 그 형용사가 어떤 뜻인지를 알아봅니다(누가 우리 중에 가장 그 형용사에 어울리는지 이야기 해 보기도 합니다). 그리고 아이들에게 마음에 드는 '형용사 카드' 하나와, '직업명 카드' 하나를 골라서, 둘을 이어서 발표해 보게 했습니다. 예를 들어, 어떤 아이는 "용감한 / 경찰관"이 되고 싶다고 하고, 어떤 아이는 "자기 것을 나누는 / 제과 제빵사"가 되고 싶다고 장래 희망을 발표해 보는 것입니다. 우리는 그동안 '경찰관'이 되고 싶다, '제과 제빵사'가 되고 싶다가 장래 희망이고 우리의 진로인 줄 알았습니다. 그러나 이 활동에서 더 중요하게 생각한 것은 '용감한'과 '자기 것을 나누는'과 같은 가치를 실천하는 삶입니다.

PLAY. 2 '형용사(가치 담은) + 명사(직업명)'

여러분이 희망하는 직업명 앞에 붙이고 싶은, '형용사'는 무엇입니까? 그 형용사가 알려주는 여러분의 삶의 지향은 무엇입니까?

여러분의 형용사를 한번 찾아보셨나요? 지금 당장 잘 떠오르지 않을 수도 있습니다. 그러나 그동안 '진로 교육'하면 어떤 '직업명'을 찾고, 희망 직업을 갖게 되는 것이라고 생각했던 것에서, 한발 더 나아가 '직업명' 앞에 붙일(사실 이 직업명은 계속 바뀔 수도 있습니다), 형용사를 고민해 보는 것만으로도, 이 시간은 매우 소중합니다. 앞으로 다음의 과들에서 이러한 고민은 더욱 심화될 것이기 때문입니다.

[참고자료1] 참고할만한 형용사들 50개

정의로운, 진리를 사랑하는, 정직한, 용기 있는, 최선을 다하는, 책임감 있는, 꿈꾸는, 창의적인, 호기심이 많은, 재미를 추구하는, 열정적인, 간절한, 도전하는, 헌신된, 사회에 봉사하는, 긍휼히 여기는, 소외된 자들을 위하는, 자기 것을 나누는, 타인을 존중하는, 이웃의 필요에 민감한, 섬세한, 배려가 있는, 사회에 봉사하는, 평화를 지향하는, 생명을 살리는, 아름다움을 추구하는, 신뢰할만한, 도덕적인, 진정성 있는, 소명을 따르는, 의미를 추구하는, 분별력 있는, 느긋한, 관대한, 다양함을 수용하는, 함께 하는, 협력하는, 친절한, 지성적인, 전문적인, 늘 배우고자 하는, 겸손한, 감사하는, 자기 성찰을 잘하는, 거룩한, 경건한, 절제력 있는, 인내심 있는, 성실한, 드러나지 않아도 묵묵히 섬기는

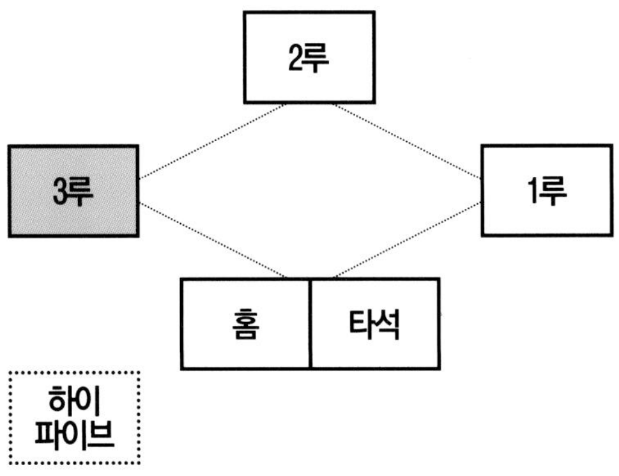
2루
3루
1루
홈
타석
하이
파이브

14
일과 직업

오늘의 경기 흐름

이번 과에서는 일과 직업의 '기독교적 의미'를 알아보고, 우리가 가져야 할 자세에 대해 생각해 봅시다.

일과 직업

'일'과 '직업'의 차이는 무엇일까요? 여러분은 '일'과 '직업'을 구분하여 여러분의 방식으로 정의 내려 볼 수 있나요? 같은 의미로 사용되기도 할 정도로 긴밀하게 연결되어 있는 이 두 개념을 한번 생각해 봅시다.

국립국어원 표준국어대사전에 따르면

[일]이란 무엇을 이루거나 적절한 대가를 받기 위하여 어떤 장소에서 일정한 시간 동안 몸을 움직이거나 머리를 쓰는 활동. 또는 그 활동의 대상이며,

[직업]은 생계를 유지하기 위하여 자신의 적성과 능력에 따라 일정한 기간 동안 계속하여 종사하는 일'이라고 되어 있습니다.

'일'과 '직업'의 공통점은 어떤 목적을 위해 일정 시간 동안 하는 활동이라는 것입니다.

둘의 차이점은 '직업'이란 그 목적이 '생계를 유지하기 위함'에 있고, '자신의 적성과 능력이 고려'된다는 것입니다.

그렇다면 '생계를 유지하고, 자신의 적성과 능력을 고려한 일'이라면 모두 '직업'이 될 수 있을까요? 꼭 그렇지는 않습니다. 예를 들어 훔치는 능력이 탁월한 도둑과, 거짓말을 잘하는 사기꾼을 직업이라고 할 수 있을까요? 생계를 유지하고, 자신의 적성과 능력이 고려된다 하더라도, 도둑이나 사기꾼을 직업이라고 할 수는 없을 것입니다.

그러므로 우리가 어떤 것을 '직업'이라고 부를 때는 법을 어기지 않고, 사회의 한 구성원으로서의 기여를 하는 '준법'과 '사회기여'를 전제로 합니다.

성경이 말하는 일과 직업

보통 우리는 '일'과 '직업'을 어떻게 생각합니까? 우리는 그것을 힘들고 귀찮은 것이라 여깁니다. 먹고 살 걱정만 없다면 '백수'가 최고라고 생각하기도 합니다.

우리는 또 이러한 '노동'을 '돈'으로 환산하여 가치를 매기는 일에 익숙하기 때문에, 대가가 없거나 작은 일이라면 더 하기 싫어합니다. 청소, 설거지와 같은 집 안 일이나 봉사들을 싫어하거나, 보수가 적은 일을 하찮게 여기는 것도 바로 이러한 사고 때문에 그렇습니다.

사람들은 조금 더 편하게 일하면서, 쉽게 돈을 벌 수 있는 일을 선호합니다. 그러다 보니, 한탕주의적 사고가 생기고, 잘못하면 도박, 사기, 탈세, 절도 같은 법을 어기는 일까지 행하게 되기도 합니다.

직업은 자신의 재능을 발휘하고 꿈을 이루는 통로라고 배우지만, 주변 어른들을 보면 단지 생계를 유지하기 위한 수단에 머무르는 경우도 많습니다. 직업을 통해 생계를 유지하는 것 자체를 부정하거나, 폄하할 필요는 없습니다. 그것은 그 자체로도 매우 중요한 것입니다. 그러나 직업이 단지 밥벌이 정도에 그칠 경우, 성인들의 일상 대부분을 차지하는 직업세계에서의 시간을 퇴근이나 퇴사 이후 자신의 행복을 위해 견뎌내야 하는 고된 시간으로만 여기게 될 가능성이 높습니다. 어떤가요? 이것은 성경적인 생각일까요?

그래서 성경은 일과 직업에 대해 어떻게 이야기하고 있는지를 아는 것이 중요합니다. 그렇다면 성경은 일과 직업에 대해 어떻게 이야기하고 있을까요? 아래의 말씀들을 참고하여 다음의 문제를 함께 풀어봅시다. 퀴즈의 답을 맞추다 보면, 성경이 말하고 있는 일과 직업의 개념을 새롭게 가지실 수 있게 될 것입니다.

PLAY.1 성경이 말하는 일과 직업 퀴즈

Q1. 성경에서 가장 처음 등장한 일은 무엇입니까? ______________________

Q2. 인간이 가장 최초로 한 일은 무엇입니까? ______________________

Q3. 다음 중 하나님의 일을 하는 직업은 무엇입니까? ______________________

①교사 ②목사 ③프로그래머 ④기업가

태초에 하나님이 천지를 창조하시니라 (창세기 1:1)	아담이 모든 가축과 공중의 새와 들의 모든 짐승에게 이름을 주니라 (창세기 2:20)	하나님이 그들에게 복을 주시며 하나님이 그들에게 이르시되 생육하고 번성하여 땅에 충만하라, 땅을 정복하라, 바다의 물고기와 하늘의 새와 땅에 움직이는 모든 생물을 다스리라 하시니라 (창세기 1:22)

1번의 정답은 '천지창조'입니다. 성경은 하나님이 '일'하시는 것으로 시작합니다. 하나님이 일하셨습니다. 그러므로 일의 근원은 하나님으로부터 찾을 수 있습니다. 우리는 '일'이 아담의 '타락' 이후에 '벌'로 주어진 것이라고 착각하기 쉽습니다. 그러나 그렇지 않습니다. 하나님은 태초부터 일을 하셨고, 지금까지 일하고 계십니다.

그가 구름으로 하늘을 덮으시며 땅을 위하여 비를 준비하시며 산에 풀이 자라게 하시며, 들짐승과 우는 까마귀 새끼에게 먹을 것을 주시는도다 (시편 147:8~9)

하나님의 형상을 닮은 우리도 동일하게 정신적인 혹은 육체적인 일을 합니다. 최초의 사람 아담도 일을 했습니다. 아담이 하나님께 받은 첫 번째 일은 모든 짐승의 이름을 짓고, 그들을 돌보는 일이었습니다. 2번의 정답은 '이름 짓기'입니다. 에덴동산에서 아담이 했던 이 '이름 짓는 일'은 매우 창의적인 일이면서도, 즐거운 일이었을 것입니다. 아담의 범죄로 '일'이 타락하여 땀과 수고가 필요해졌고, '고통'이 수반되게 되었지만(창세기 3:17~19), 일 그 자체가 타락에 의한 벌은 아닌 것입니다. 도리어 하나님께서는 우리가 주님과 동행하는 삶을 통해, 원래 에덴에서의 일처럼 그 기쁨과 창의를 되찾기를 원하십니다. 그리고 우리가 그 일을 통해 하나님께 영광을 돌리기를 바라십니다.

그렇다면, 하나님께 영광을 돌리기 위해, 우리는 어떤 일을 해야 할까요? 3번의 정답은 ①, ②, ③, ④번 모두 맞습니다. 우리는 종종 '목사'만 하나님의 일이라고 생각하거나, 좀 더 나아가 '교사' 같은 일만 하나님의 일이라고 생각하는 착각에 빠집니다. 그러나 그렇지 않습니다. 일은 종교적 직업에 한정되지 않습니다. 우리는 모든 직업을 통해서, 하나님께 영광을 돌리며, 하나님의 일에 동참할 수 있습니다. 고린도전서 10장 31-33절 말씀은 우리가 언제 어디서 무엇을 하든지, 하나님께 영광 돌리는 삶을 살 수 있음을 말해 주고 있습니다.

그런즉 너희가 먹든지 마시든지 무엇을 하든지 다 하나님의 영광을 위하여 하라. 유대인에게나 헬라인에게나 하나님의 교회에나 거치는 자가 되지 말고 나와 같이 모든 일에 모든 사람을 기쁘게 하여 자신의 유익을 구하지 아니하고 많은 사람의 유익을 구하여 그들로 구원을 받게 하라 (고린도전서 10:31~33)

3 일을 다르게 보기

똑같은 일을 하더라도, 전혀 다르게 일할 수 있습니다. 어떠한 관점으로 세상을 보느냐에 따라 세상은 전혀 다르게 보이는 법입니다. 성경적인 관점에서 일을 새롭게 바라보고, 그 일에 의미를 부여하면, 그 일은 전혀 새로운 일이 됩니다.

여기 잘 알려진 한 이야기가 있습니다. 이른 새벽부터 악취 나는 쓰레기통을 치우며 살아가는 청소부 아저씨의 이야기입니다. 그는 평생 사람들이 싫어하는 쓰레기를 치우는 일을 하면서 살고 있습니다. 사람들에게 존경받는 일도 아니고, 급여도 많지 않은 일이었는데, 그 아저씨의 얼굴은 언제나 밝았습니다. 그 점을 궁금하게 생각한 한 사람이 물었습니다.

"어떻게 항상 그렇게 행복한 표정을 지을 수 있지요? 힘들지 않으세요?" 이 질문에 대해 아저씨는 여전히 웃음을 유지하면서, 이렇게 대답했다고 합니다. "저는 지금 지구의 한 모퉁이를 깨끗하게 하는 일을 하고 있습니다".

비슷한 이야기로 미국의 제36대 대통령 린든 존슨 대통령이 NASA를 방문했을 때의 이야기도 있습니다. 너무나 즐겁게 일하고 있는 청소부가 있어, 그에게 비결을 물었더니, "대통령님, 저는 단순히 청소를 하고 있는 것이 아닙니다. 인간을 달에 보내는 일을 돕고 있습니다"라고 답했다고 합니다.

이러한 이야기들은 모두 지금 우리가 하고 있는 일의 의미를 더 큰 그림과 연결하여 해석하며 살아가는 삶에 대해서 이야기 해 줍니다. 사실 우리가 하는 모든 일은 "하나님이 창조하신 이 세계(우주, 지구)를 하나님의 뜻에 합당하게 아름답게 만들어 나가는 그 분의 창조 사역"에 연결되어 있습니다.

PLAY. 2 하나님의 창조사역에 연결되는 우리의 일

성경은 우리의 일과 직업을 새롭게 보게 하는 힘이 있습니다. 알고 보면, 우리의 모든 일과 직업은 하나님의 창조 사역에 연결되어 있습니다. 우리의 수고는 이 땅을 더욱 아름답게 회복시켜 나가는 일입니다. 여러분이 꿈꾸는 직업은 어떻게 하나님의 창조 사역과 연결될 수 있을까요? 나태주 시인의 시 한편을 읽으며, 깨달은 점들을 나눠봅시다.

마당을 쓸었습니다

나태주

마당을 쓸었습니다
지구 한 모퉁이가 깨끗해졌습니다

꽃 한송이 피었습니다
지구 한 모퉁이가 아름다워졌습니다

마음 속에 시 하나 싹 텄습니다
지구 한 모퉁이가 밝아졌습니다

나는 지금 그대를 사랑합니다
지구 한 모퉁이가 더욱 깨끗해지고
아름다워졌습니다

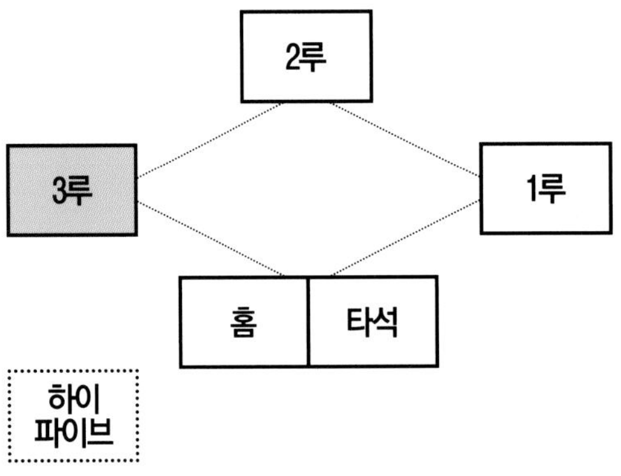
2루
3루
1루
홈
타석
하이
파이브

15
나의 빅스타

오늘의 경기 흐름

인생을 살아가다 보면, 내가 동경하는 삶을 살고 있는 우리의 롤모델을 만나게 됩니다. 이 과에서는 그런 사람을 '빅스타'라고 부르려고 합니다. 우리가 동경하는 빅스타를 알아보는 것을 통해 우리가 추구하고 있는 삶의 가치들을 발견하는 작업을 해 봅시다.

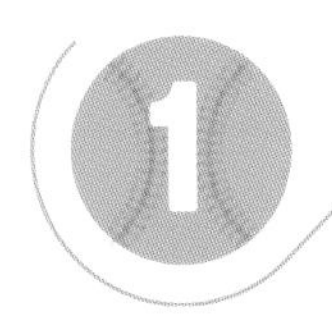

나의 빅스타

나의 빅스타(Big Star)는 누구입니까? 스윗스팟에서 빅스타란 단순히 내가 좋아하는 연예인이 아닙니다. 존경의 마음으로 그 삶을 닮기 원하고, 그의 길을 따라가기 원하는 인생의 롤모델을 말합니다. 여러분의 빅스타는 누구인지 함께 나누어 봅시다.

PLAY.1 나의 빅스타, 우리의 빅스타

그의 삶을 닮고 싶은 나의 빅스타를 발표해 봅시다. 그 업적과 선정 이유를 나눠봅시다. 친구들의 발표를 듣고, 가장 멋진 빅스타를 발표한 친구를 정해 봅시다.

이름	빅스타 이름	직업	업적과 선정한 이유	
예)손흥민	박지성	축구선수	업적	우리나라 월드컵 4강 신화 주역이며, 세계적 축구 스타이다.
			이유	포기하지 않고 끊임없이 노력하는 자세와 축구선구로 최고의 자리에 올라 명성을 얻었기 때문이다.
예)전영창	조지워싱턴 카버	교육자	업적	땅콩 연구를 통해, 엄청난 발명으로 흑인 농가와 국가를 살림
			이유	더 좋은 자리가 보장되어 있었으나, 어려운 자기 백성을 위 한 교육의 길을 선택했기 때문
			업적	
			이유	

여러분은 '성공'이 무엇이라고 생각합니까? 우리의 빅스타를 찾아보며 내가 생각하는 성공에 대해 알아보았습니다. 각자가 생각하는 빅스타가 다릅니다. 같은 빅스타를 뽑았다 하더라도 그를 선정한 이유가 다를 수 있습니다. 그것은 우리들의 성공의 기준, 존경하는 이유가 다르기 때문입니다.

2 직업 가치

우리는 누구나 추구하는 가치가 있습니다. 무언가를 선택할 때 자신이 지향하는 가치관의 영향을 받습니다. 직업을 선택할 때도 마찬가지입니다. 직업마다 충족될 수 있는 가치가 다를 수 있습니다. 우리는 직업을 통해 성과 뿐 아니라 가치가 성취되었을 때 진정한 만족감을 느낄 수 있습니다.

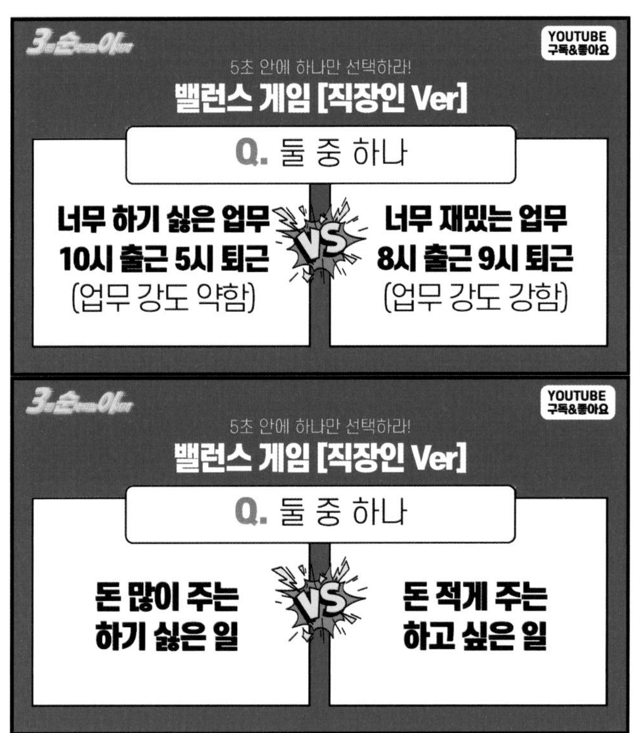

그림출처 : https://youtu.be/HXEVb-UuDSg

그림출처 : https://youtu.be/HXEVb-UuDSg

직업가치란 직업생활을 통하여 충족하고자 하는 욕구 또는 상대적으로 중요시하는 것을 의미합니다. 직업가치관 검사는 직업과 관련된 다양한 욕구 및 가치들에 대해 여러분이 상대적으로 무엇을 얼마나 더 중요하게 여기는가를 살펴보고, 그 가치가 충족될 가능성이 높은 직업을 탐색할 수 있도록 도움을 주는 검사입니다.

커리어넷 직업 가치관 검사에서 소개하고 있는 12가지 직업 가치(3가지씩 4가지 유형 : 안정 지향, 의미 지향, 변화 지향, 성취 지향)와 그 정의를 찾아서 줄을 그어 연결해 보고, 직업가치관 검사 결과로 어떤 직업 가치관이 높게 나왔는지 기록으로 남겨봅시다.

PLAY. 2 12가지 직업 가치의 정의 / 직업 가치관 검사 결과

안정성 ●	● 일과 개인생활의 균형을 이루는 것을 중요하게 여긴다
보수 ●	● 일을 통해 돈과 같은 경제적 보상을 얻는 것을 중요하게 여긴다
일과 삶의 균형 ●	● 내가 하고 싶은 일을 계속해서 안정적으로 하는 것을 중요하게 여긴다
즐거움 ●	● 다른 사람들에게 인정받고 존경받는 것을 중요하게 여긴다
소속감 ●	● 실패를 두려워하지 않고 새로운 일에 도전하는 것을 중요하게 여긴다
자기계발 ●	● 일을 통해서 자신의 능력을 발전시키고 성장해 나가는 것을 중요하게 여긴다
도전성 ●	● 조직 또는 단체의 구성원이 되어 다른 사람들과 함께 일하는 것을 중요하게 여긴다
영향력 ●	● 목표의식이 뚜렷하고, 자신의 능력을 발휘하여 목표한 바를 달성하는 것을 중요하게 여긴다
사회적 기여 ●	● 일에서 흥미와 보람을 느끼고 즐거움을 얻는 것을 중요하게 여긴다
성취 ●	● 다른 사람에게 영향을 미치고 사람들을 이끄는 것을 중요하게 여긴다
사회적 인정 ●	● 일의 내용과 환경을 스스로 결정하고 선택하는 것을 중요하게 여긴다
자율성 ●	● 다른 사람들의 행복과 복지에 기여하는 것을 중요하게 여긴다

유형	주요 가치	내용
안전 지향	안정성 보수 일과 삶의 균형	안정지향형은 직업활동을 통하여 안정적인 생활을 얻고자 하는 유형입니다. 이 유형의 학생들은 안정적인 생활을 위해 충분한 보수를 얻고자 할 수 있으며, 한 직장에서 오랫동안 일할 수 있는 환경을 추구할 수 있고, 자신의 삶과 일의 균형을 유지함으로써 잘 정리된 삶을 누리고자 할 수 있습니다.
의미 지향	즐거움 소속감 자기계발	의미지향형은 직업을 통해서 자신의 삶의 의미를 확인하고자 하는 유형입니다. 미래의 직업에서 소속감을 가짐으로써 자신의 존재감을 확인할 수 있으며, 일에서의 즐거움을 느낌으로서 자신이 일하는 의미를 확인하고자 할 수 있습니다. 그리고 자기계발을 통해 발전과 성장을 지속함으로써 변화하고자 할 수 있습니다.
변화 지향	도전성 영향력 사회적 기여	변화지향형은 안정적인 생활보다는 자신의 일을 통해서 변화를 추구하고자 하는 유형입니다. 이 유형의 학생들은 직업을 통해서 끊임없이 새로운 일에 도전하고자 할 수 있으며, 자신의 일을 통해 자신 뿐 아니라 다른 사람에게도 영향을 끼침으로써 환경적 변화를 만들고자 할 수 있습니다.
성취 지향	성취 사회적 인정 자율성	성취지향형은 직업을 통해서 무엇인가를 이루어내고자 하는 유형입니다. 그러나 이러한 성취는 개인 내적인 성취를 말합니다. 이 유형의 학생들은 자신의 일을 통해 개인적인 성취를 이루고자 할 뿐 아니라, 성취를 통해 사회적인 인정을 얻고자 할 수 있습니다. 그리고 자신 스스로 삶을 통제해 나갈 수 있는 자율성을 추구할 수 있습니다.

나의 직업 가치관 검사 결과

구분	점수	구분	점수
안정성		도전성	
보수		영향력	
일과 삶의 균형		사회적 기여	
즐거움		성취	
소속감		사회적 인정	
자기계발		자율성	

구분	1위	2위	3위
직업 가치			

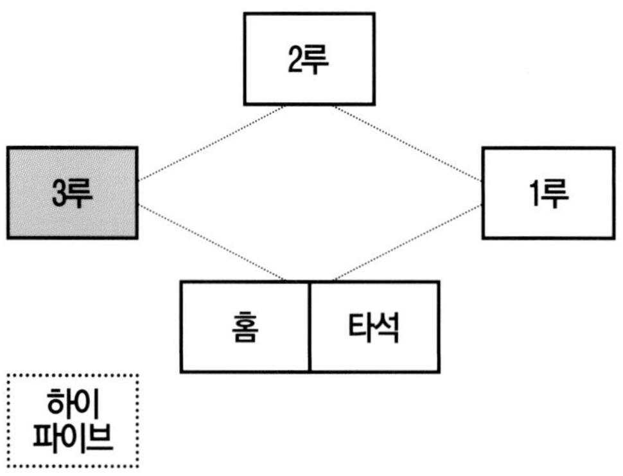
2루
3루
1루
홈
타석
하이
파이브

16 창의적 소명 설계자

오늘의 경기 흐름

빠르게 변해가는 직업 세계에서 '안정적인 직'에 집중하는 진로 교육은 한계가 있습니다. 하나님께서 우리에게 주신 창의성을 가지고, 자신의 평생의 '업'을 고민하며, 구체적으로 그것을 찾기 위한 실천을 하는 '창의적 소명 설계자'를 함께 꿈꿔봅시다.

1 창의적 진로교육

여러분이 아는 직업을 모두 적어봅시다.

제한 시간을 두고 누가 더 많이 적을 수 있나 게임을 해 보아도 좋습니다.

몇 개나 쓰셨나요? 보통 우리가 주로 쓰는 직업은 '의사', '변호사', '판사', '교사', '공무원' 등 20개 정도가 고작입니다. 그런데 우리나라에 몇 개의 직업이 있는지 아십니까? 2020년 한국고용정보원에서 낸 한국직업사전(5판)에 따르면, 우리나라에 등록된 직업의 수는 16,891개라고 합니다. 2012년 조사(4판)에 비해 5,236개가 증가한 숫자입니다. 직업이 이토록 다양하다는 것은 직업이 계속 분화되고 있고, 또 새롭게 생겨나고 있다는 뜻입니다. 이 수치를 1년으로 계산해 보면 매년 655개 정도가 증가한 것이고, 이는 매일 1.8개 정도의 직업이 새롭게 생겨나고 있다는 의미입니다. 이렇게 많은 직업들이 있다는 것이 놀랍지 않습니까? 이처럼 우리가 탐색할 직업의 세계는 무궁무진합니다.

반대로 기술의 발달과 사회제도의 변화로 사라져 버리는 직업들도 있습니다. 더 이상 사람의 노동력이 필요 없어 사라지는 직업들도 많이 있습니다. AI(인공지능)의 발달은 정말 많은 직업군을 사라지게 하고 있습니다. 우리가 지금 꿈꾸고 있는 그 직업들이 미래에는 사라질 수도 있다는 것입니다.

OO에 자신의 희망 직업을 넣어서 읽어 보세요.

- 기술의 발달과 사회제도의 변화로 OO가 사라져 버렸다.
- 사회가 변함에 따라 OO는 더 이상 유망 직종이 아니다.

지금은 유망하다고 여겨지는 직업이 언젠가 시대가 바뀌면 전혀 다른 상황이 될 수도 있습니다.

※'사라진 직업', '새로 생긴 직업' (출처 : 교육부 자료 이미지)

그렇다면 우리는 변화무쌍한 직업 세계를 어떻게 탐험해야 할까요? 어떻게 스윗스팟을 찾아갈 수 있을까요? 우리는 '창의적 진로 교육'이 필요하다고 생각합니다. '창의'는 '새로운 의견을 생각해 냄(국립국어원)'이라는 뜻입니다. 진로를 찾을 때도 다른 관점, 새로운 아이디어, 창의적 접근이 중요하다는 것입니다. 세상에 직업은 많고, 끊임없이 변하고 있으니, 이제 이전 시대에 유망했던 직업에 매여 있을 것이 아니라, 새롭게 다가올 시대에 대응할 수 있는 창의적인 역량을 길러야 한다는 것입니다. 이런 맥락에서 스윗스팟은 '창의적 소명 설계자'를 그 지향하는 인간상으로 생각하고 있습니다. **'창의적 소명 설계자'는 시대가 변해도, 자신의 소명에 따른 다양한 진로를 찾아갈 수 있는 사람을 말합니다.**

2 앙터프레너십 교육

'창의적 소명 설계자'는 기존의 직업세계에서도 새롭고 필요한 일들을 만들어 내는 창의적인 시도들을 해 나가지만, 새로운 직업을 만들어 내는 **'창직(創職 : job creation)'**의 단계까지 나아가기도 합니다. 이러한 힘과 능력을 **'앙터프레너십(entrepreneurship, 기업가정신)'**이라고도 말합니다.

'앙터프레너십'이란 회사를 창업할 수 있을 뿐만 아니라 '창의적이고 도전적이며, 야심 찬 생각을 할 수 있는 능력'을 말하며, 현대 사회에서는 이런 앙터프레너십을 기를 수 있는 교육이 필요합니다. 학생 때부터 구체적으로 이를 배우고, 실천할 기회를 제공해야 합니다. 애리조나주립대가 13년에 걸쳐 진행한 조사에 의하면, 기업가정신 교육을 받은 그룹은 교육을 받지 않은 그룹에 비해 창업은 3배, 연 수입은 27%, 자산은 62%가 더 높은 것으로 조사됐습니다. 그러나 우리 교육은 모든 학생이 '안정적 직업'으로만 몰리는 현상을 보이고 있습니다.

이번 과에서는 앙터프레너십 교육의 일환으로, 동료들과 함께 '창업 아이디어'를 만들어 보고자 합니다. 이를 위해 먼저 '빅데이터'에 대해 알아보고, 자신의 관심 영역에서 구체적인 '트렌드 분석'을 해 보려 합니다.

오늘날 우리는 정보의 홍수를 넘어 정보가 폭발하는 세상에서 살고 있습니다. 그로 인해, 기하급수적으로 증가하는 정보를 통해 새로운 가치를 창출하고자 하는 **빅데이터(big data)**에 관심이 모이고 있습니다. 빅데이터를 분석하는 기법 중 하나인 마이닝(mining) 기법은 기업의 의사결정, 마케팅 외에도 금융, 행정, 의학, 교육 등 많은 분야에서 혁신적으로 적용되거나 그 가능성을 이야기하고 있습니다. 많은 기업에서는 이미 빅데이터 분석과 활용을 통해 데이터 기반 의사결정을 하고, 그것으로 경제적 이익을 창출하는데 관심을 두고 있습니다.

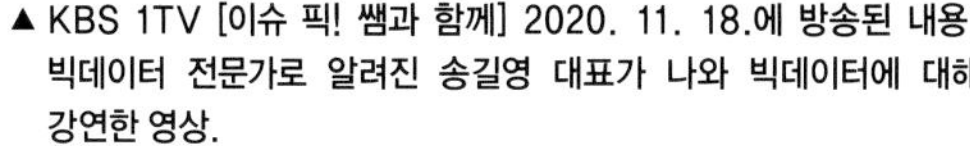

▲ KBS 1TV [이슈 픽! 쌤과 함께] 2020. 11. 18.에 방송된 내용. 빅데이터 전문가로 알려진 송길영 대표가 나와 빅데이터에 대해 강연한 영상.

▲ KBS 뉴스 2014. 4. 3에 방송된 내용. "동네 슈퍼 '빅데이터'로 활로 찾는다" 빅데이터를 활용하여, '연관구매율' 등을 분석하여, 매출을 늘릴 수 있음을 설명하는 뉴스

빅데이터를 설명하는 자료나 동영상 등을 살펴보고, 자신의 언어로 빅데이터를 정의해 봅시다. 그리고 빅데이터 성공사례를 찾아 기술하고, 친구들과 함께 이야기 해 봅시다.

빅데이터란 ____ 이다.

빅데이터 성공사례

데이터 분석을 좀 더 깊이 경험해 보기 위해, 다양한 '트렌드 분석' 사이트들을 활용할 수 있습니다. 대표적인 사이트로, '네이버 데이터랩', '구글 트렌드', '썸 트렌드', '블랙키위', '오픈서베이' 등이 있습니다. 다양한 분석 시스템을 활용하여, 내가 관심 있는 영역에서 창업한다면, 그것과 관련한 어떤 트렌드를 읽을 수 있는지 살펴봅시다.

3 창업 아이디어

PLAY.1 트렌드 분석

'자신이 관심 있는 영역'에서 창업을 하고자 할 때, 어떤 최근의 트렌드를 읽을 수 있는지, 분석 시스템을 활용하여 조사해 봅시다. (ex. 썸 트렌드 https://some.co.kr)

ex) '수학' 공부 관련 창업

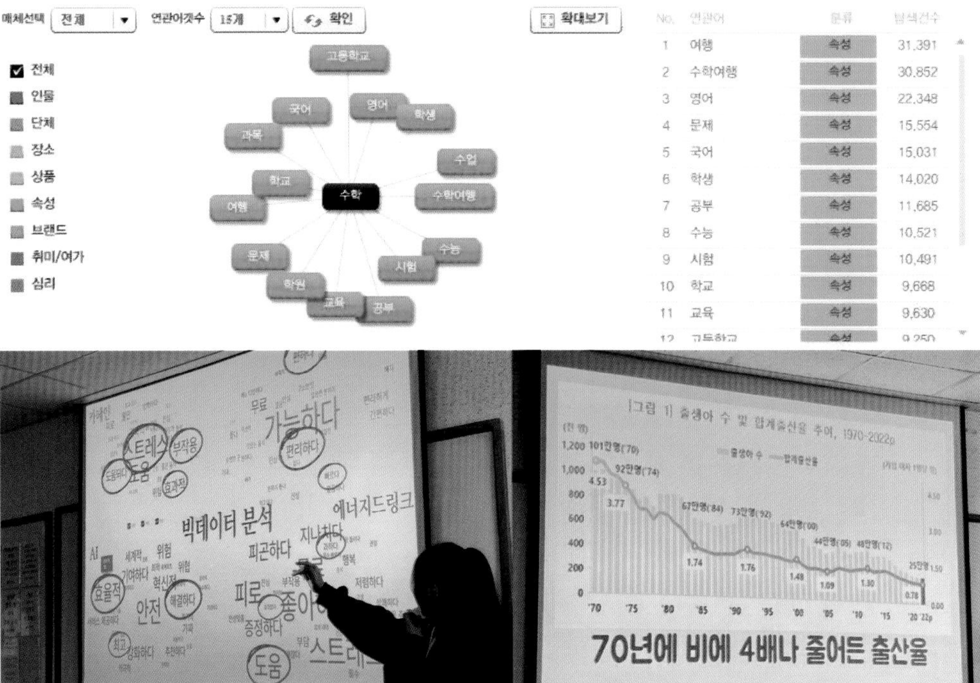

PLAY. 2 창업 아이디어 제안서

위의 분석을 바탕으로, '빅데이터 창업 아이디어 제안서' 작성 활동을 해 봅시다. 빅데이터 분석을 토대로 창업 아이템을 선정하여, 사업계획서를 다양한 프리젠테이션 자료로 자유롭게 제작, 발표해 봅시다.

사업 아이템	맞춤형 카페인 커피(음료) 머신 개발
아이템을 선택한 이유	식사 후 커피를 마시는 것이 대세인 시대. 그러나 카페인 때문에 커피를 즐기지 못하거나, 반대로 잠을 안 자려고 커피를 마셨는데, 잠이 잘 오는 경우가 있음. AI가 각 개인의 카페인 분해 능력을 감지하여, 고객에게 맞는 커피(혹은 그 대용 음료)를 제공하면 어떨까 하여
사업 아이템의 빅데이터 분석결과	* 카페인 : (긍정) 도움되다, 효과적 (부정) 스트레스, 부작용 * 키오스크 : (긍정) 가능하다, 편리하다, 빠르다 (부정) X * AI : (긍정) 효율적, 최고, 해결하다 (부정) 위험, 우려 * 에너지드링크 : (긍정) 도움, 효과적 (부정) 피로, 부작용
주요 타겟 고객	학생, 직장인, 임산부
사업화 추진계획	일단 한 까페 매장을 통해 검증하면서, 특허 기술 인정받아, 이후 편의점에서 캔 음료로도 팔 수 있도록 함. 이후 외국 진출 등 세계적으로 판매 범위를 넓힘.

그리고 여건이 허락한다면, 친구들의 '모의투자활동'을 통해 친구들의 평가를 받아봅시다.(예: 학생들에게 가상의 화폐를 나눠 주고, 친구들의 사업 아이템에 투자하게 하는 활동)

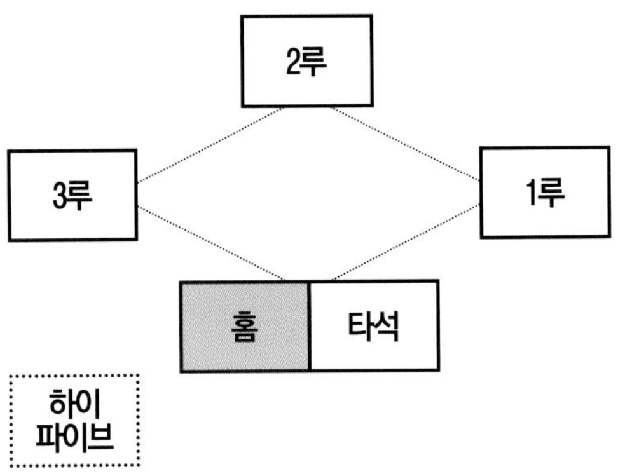
2루
3루
1루
홈
타석
하이
파이브

17
애통함이 소명으로

오늘의 경기 흐름

스윗스팟을 찾는 또 하나의 키워드로 '애통함'이 있습니다. 장점과 흥미가 개인마다 고유하듯 애통함 역시도 그러합니다. '애통함'이라는 개념을 정리해 보고 그것이 어떻게 진로와 소명으로 연결되는지를 함께 찾아가 봅니다. 느헤미야의 애통함과 장기려 박사님의 애통함을 살펴보며, 나의 애통함을 생각해 봅니다.

*지난 13~16과에서는 우리의 '가치 지향성'(난 이게 중요해)에 대해 살펴보았습니다. 다음 17~20과에서는 그 가치 지향성 중 핵심적 개념인 "애통함"(난 이게 마음 아파)에 대해 살펴보고자 합니다. 주님의 애통함이 우리의 애통함이 되기를 소망합니다.

당신의 애통함은 무엇입니까?

복음서를 통해 예수님의 사역을 살펴보면, 주님의 놀라운 기적이 베풀어지는 장면 앞에 "불쌍히 여기시니", "민망히 여기시니"와 같은 예수님의 감정이 담긴 단어들이 나오는 것을 볼 수 있습니다. 이 단어를 헬라어 원어로 보면 "스플랑크니조마이"라는 단어로 되어 있으며, 그 뜻은 "창자가 찢어지는 고통"을 의미합니다. 다시 말해 주님의 놀라운 역사는 늘 주님이 죄와 고통 가운데 있는 인간들을 불쌍히 여기시고 애통해하시는 것에서부터 출발하였다는 것입니다.

그러므로 '하나님의 애통함'은 '세상을 살리는 능력'입니다. 하나님의 사람으로서 우리가 가져야 할 가장 중요한 자세는 '하나님의 애통함'을 '나의 애통함'으로 받아들이는 것입니다. 그러고 보면 하나님의 형상으로 만들어진 우리도 하나님을 닮아서 어떤 특정 영역에 애통함을 가지고 있습니다. 나의 마음이 더 많이 가는 사건과 사람들이 있습니다.

느헤미야의 애통함

이제 우리는 한 사람의 삶에서 어떻게 애통함이 소명으로 발전하는지를 살펴보려고 합니다. 그 사람은 바로 성경에 나오는 인물 느헤미야입니다.

느헤미야는 타지에서 자신의 조국 백성들의 고통과 예루살렘 땅의 황폐함을 전해 듣고 몹시 슬퍼하면서 하나 님께 기도를 시작합니다. 느헤미야서를 보면 그 기도를 들으신 하나님께서 마침내 느헤미야에게 그 일을 이루어가게 하십니다.

내가 이 말을 듣고 앉아서 울고 수일 동안 슬퍼하며
하늘의 하나님 앞에 금식하며 기도하여 (느헤미야 1:4)

여기 느헤미야의 이야기에는 소명의 3단계가 있습니다.

그 첫 번째 단계는 **"듣고"**의 단계입니다. 관심 영역의 정보를 접하는 단계입니다. 우리는 수많은 이야기들을 듣습니다. 그런데 그 중에 어떤 이야기는 특별히 우리의 마음을 끌어당깁니다. "듣고"의 단계에서는 그런 많은 정보들을 접하게 됩니다.

두 번째 단계는 **"울고"**의 단계입니다. 그 정보를 통해 하나님의 애통함을 느끼는 단계입니다. 우리가 들은 그 정보 중에 우리의 마음을 아프게 하는 정보들이 있습니다. "이건 아닌데, 이렇게 되면 안 되는데…"하며 그 정보에 대한 안타까움을 느끼게 됩니다. 느헤미야가 그랬던 것처럼 말입니다.

세 번째 단계는 **"기도하여"**의 단계입니다. 이 단계는 애통함이 구체적인 소명으로 접어드는 단계입니다. 그렇게 접한 정보들에 대한 애통함을 가지고 하나님 앞에 나아가는 단계입니다. 이 과정을 통해 애통함은 소명으로 발전해 갑니다.

듣는 사람이 되었으면 좋겠습니다. 듣기만 하고 울지 않는 사람이 아니라, 듣고 울 줄 아는 사람이 되면 좋겠습니다. 듣고 울기만 하는 사람이 아니라, 듣고 울고, 하나님께 기도하는 사람이 되면 참 좋겠습니다.

많은 진로나 비전 관련 강의가 "네가 잘하는 것, 네가 좋아하는 것이 너의 소명이란다"라고 말하지만, 성경적으로 볼 때 이 말은 일면 맞는 말이기도 하지만, 온전하지 않은 말입니다. 좀 더 온전한 말이 되려면, **"소명은 재능과 애통함이 만날 때 발전된다"**라고 말해야 합니다. 그러므로 소명은 애통함과 깊은 연관성을 가지고 있 습니다. **'하나님의 애통함이 나의 애통함이 되는 과정'**이 필요합니다. 그러므로 우리 크리스천 학생들에게는 이렇게 질문해야 합니다. **"하나님이 만드신 이 세상을 바라볼 때 너는 어떤 문제가 너를 가장 가슴 아프게 하니? 하나님은 어떤 모습을 보시며 가장 안타까워하실까?"**

이 시간 여러분의 애통함은 어디에 있는지 발견하는 시간이 되면 좋겠습니다. 여러분이 느헤미야처럼 애통함으로 기도하는 사람들이 다 되었으면 좋겠습니다. 그래서 여러분을 통해 죄로 타락하고 어그러진 이 세계가 "보기에 심히 좋았더라" 하셨던 그 창조 때의 모습으로 회복되어지는 역사가 있었으면 좋겠습니다.

그의 애통함, 나의 애통함

여러분의 애통함은 무엇인가요? 여러분의 마음을 특별히 잡아당기는 고통의 현실은 어떤 것인가요? 개개인의 애통함을 살펴보기 전에 먼저 한 신앙의 인물이 가졌던 애통함에 대해 살펴봅시다. 성산 장기려 박사님과 윌리엄 윌버포스에게는 어떤 애통함이 있었을까요? 뒤에 나오는 글을 읽고 그 애통함을 함께 찾아봅시다. 그런 다음 우리 개개인의 애통함은 무엇인지도 친구들과 함께 이야기해 봅시다.

1. [의료, 건강계] 한국의 슈바이처, 바보 의사 장기려

장기려는 1947년 평양의과대학, 김일성종합대학의 외과 교수를 지내다가, 1950년 12월 한국 동란의 혼란 중에 월남하였고, 서울대학교 의과대학 외과 교수가 되었다. 1951년 1월 부산에 현 고신의료원의 전신인 복음병원을 세워 피난민 등 가난한 사람을 무료진료하면서 25년간 복음병원 원장으로서 인술을 베풀었다. 이외에도 부산에 설립한 의료시설이 많은데 부산 지역 대학병원 외과의 뿌리는 장기려로 시작되거나 직간접으로 연관되어 있다.

장기려는 1968년 한국 최초의 사설 의료보험조합인 부산 청십자 의료협동조합을 설립하였고, 1976년 청십자 의료원을 설립하여 환자 진료를 계속하였다. 1974년 한국간연구회 창립을 주도하여 초대회장을 맡았으며, 장미회(간질환자 치료모임) 창설, 부산 생명의전화 설립, 장애자재활협회 부산지부 창립에도 앞장섰다. 그의 가장 큰 업적은 국내 최초 의료보험인 청십자 의료보험을 창설, 많은 사람에게 골고루 나은 의료혜택을 받을 수 있게 한 장본인이라는 것인데, 이 보험은 현재 국민건강보험의 토대가 되었다. 의료보험 도입으로 인한 의료 환경 변화의 여파를 생각한다면, 그가 한국 의료계에 끼친 영향은 독보적이다.

그는 의료보험을 도입한 의료행정가이기 이전에 유능한 외과의사였는데, 국내에서 대량 간절제를 최초로 시도하고 성공하였다. 장기려는 1943년 우리나라 최초로 간암 환자의 간암 덩어리를 떼어내는데 성공하였고, 1959년에는 간암 환자의 간 대량절제술에 성공하였다. 그는 간의 혈관과 미세구조 등에 대한 연구 업적으로 많은 간질환 환자의 고통을 덜어주었으며 한국 외과학에서 미개척 분야였던 간장외과의 발전과 의료 인재 양성에 커다란 공헌을 하였다.

이러한 공적으로 장기려는 1976년 국민훈장동백장을, 1979년 막사이사이상(사회봉사부문)을 받았으며, 1995년 인도주의 실천의사상 등을 받아, 한국의 슈바이처라고 불린다. 노년에는 병고(당뇨병)에 시달리면서도 마지막까지 가난하고 소외된 사람들에게 박애와 봉사정신으로 인술을 펼쳐 한국의 성자로 칭송 받고 있다. **"치료비가 없어 평생 의사 얼굴 한 번 못 보고 죽는 사람들을 위해 뒷산 바윗돌처럼 항상 서 있는 의사가 되고 싶다"**던 그는 독실한 기독교인으로 매우 청빈한 삶을 살았다. 죽을 때까지 자기 재산은 하나도 없고, 본인의 개인 사택 없이 고신대학교 복음병원의 옥탑방에서 기거했다. 1995년 성탄절에 거기서 그는 하나님의 부르심을 받았다.

2. [정치, 법조계] 영국의 기독 정치가 윌리엄 윌버포스

1780년 21살 젊은 나이에 국회의원에 당선된 윌버포스는, 1784~85년 예수님을 인격적으로 만나고 깊은 회심을 경험하면서, 정치를 그만두고 기독교 사역자의 길로 들어서려고 했다. 그 때 노예무역상인이었다가 회심하여 목사가 된, "나 같은 죄인 살리신(amazing grace)"의 작곡자 존 뉴튼 목사가 그가 정치 영역에 남는 것이 하나님이 원하시는 바라며 그를 설득했다.

"나는 주님이 국가를 위해 일하도록 당신을 세우셨다고 믿고 있으며, 하나님께 봉사하는 가장 좋은 방법은 당신이 가진 정치적 영향력을 무기로 불의와 싸우는 것입니다."

윌버포스는 오랜 기도와 숙고 끝에 그의 조언이 옳다는 결론을 내렸다. 정치 영역에서 하나님의 뜻(공의)을 이루는 사람이 되는 것이 그를 향한 하나님의 계획이라고 받아들이게 되었다. 1787년 28세의 하원의원 윌리엄 윌버포스는 자신의 일기장에 이렇게 썼다. **"전능하신 하나님께서는 내 앞에 두 가지의 큰 목표를 두셨다. 하나는 노예 무역을 폐지하는 것이고, 다른 하나는 인습을 개혁하는 것이다."** 이후 윌버포스는 노예제 폐지운동에 평생을 몸 바쳤다.

윌버포스는 하나님을 의지하고 대영 제국의 악법과 맞서 싸웠다. 하나님은 그의 매력과 재능, 그리고 웅변 능력을 사용하셨다. 그는 대단히 매력적인 목소리를 가진 훌륭한 의회 연설가였다. 그의 어조는 독특하고 음악적이어서 그의 정적도 그의 연설에 기꺼이 귀를 기울였다. 왜소한 체구의 윌버포스는 150번이나 되는 대(對) 의회 논쟁을 통해서 영국이 진정으로 위대한 나라가 되고자 한다면 하나님의 법을 따라야 한다고 주장하며, 기독교 국가를 자처하는 영국이 황금에 눈이 멀어 노예 제도를 고집하면 살아남지 못할 것이라고 경고했다.

암살 위협과 갖은 중상모략, 비방에 시달리면서도 윌버포스는 자신의 소신을 굽히지 않았고, 시간이 흐르면서 영국의 수많은 뜻 있는 목사들과 평신도 지도자들의 도움을 받으며 외롭고 기나긴 싸움을 버텨 나갔다. 윌버포스는 시, 노래, 사진 판매와 노예제로 생산된 설탕 불매 운동, 탄원서 제출 운동 등 다양한 방식을 통한 대중 여론 조성으로 노예 제도 폐지를 전개했다.

드디어 1807년 영국 하원은 그에게 유례없는 열광과 존경을 보내면서 '노예 무역 폐지법'을 통과시켰다. 그리고 1833년 7월 27일 윌버포스가 하나님 앞에서 뜻을 세운지 56년 만에 드디어 영국 의회는 '노예 해방 법령'을 통해 영국 전역에서 노예 제도를 영원히 폐지시켰다. 그로부터 얼마 후 1833년 8월 6일 윌버포스는 세상을 떠났고 웨스트민스터 사원에 묻혔다.

PLAY.1 그의 애통함? 나의 애통함?

그의 애통함1 : "장기려 박사님의 마음을 잡아당기는 애통함은 무엇이었나요?"

그의 애통함2 : "윌리엄 윌버포스의 마음을 잡아당기는 애통함은 무엇이었나요?"

나의 애통함 : "나의 마음을 특별히 잡아당기는 애통함은 어떤 것인가요?"

예)"나는 버려진 유기견을 보면 마음이 아프다"
"나는 청소년들이 인생의 목적을 찾지 못하고 방황하는 것이 마음이 아프다"
"나는 지나치게 외모를 중시하는 한국의 풍토가 마음이 아프다"

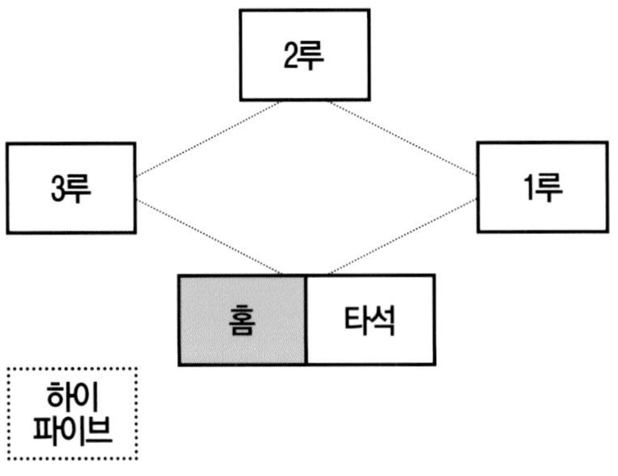
2루
3루
1루
홈
타석
하이
파이브

18
신문 보고 기도해

오늘의 경기 흐름

지난 시간에 우리는 '애통함'이라는 개념을 살펴보았습니다. 생소할 수 있는 개념인 애통함에 대해 좀 더 자세히 생각해 보기 위해, "신문 보고 기도해(신기해)"라는 활동을 해 보고자 합니다. 이 활동을 통해 나의 고유한 애통함이 무엇인지 찾아보고자 합니다.

신문 보고 기도해 ('신기해' 활동)

'한 손엔 성경을! 한 손엔 신문을!' 이 말의 의미는 그리스도인들이 성경 뿐 아니라 세상에 대해서도 잘 알아야 하며, 더 나아가 성경을 통해 세상을 바라봐야 한다는 의미이기도 합니다. 이렇게 성경이라는 렌즈로 세상을 바라볼 때 우리는 둘 사이에 간극을 느끼게 됩니다. 예를 들어 성경에서 사랑을 배웠는데 그 렌즈로 이 땅을 바라보니 그것이 제대로 구현되지 못하고 있음을 느끼게 되는 것이죠. 이러한 성경과 세상의 차이에서 느껴지는 안타까움이 '애통함'입니다. 창조하신 목적에서 벗어난 인간과 인간 사회의 죄악 된 현실. 그리고 그 속에서 고통 받는 자들을 향한 하나님의 애통함이 있습니다.

하나님은 모든 영역에서 애통함을 갖고 계십니다. 그러나 우리는 모든 영역을 똑같이 아파하지는 않습니다. 앞서 각 사람마다 고유한 흥미, 재능, 가치관이 있음을 살펴보았던 것처럼, 특별히 더 관심이 가고 가슴이 아픈 각자의 애통함이 존재합니다. 그렇다면 이제 신문 속에서 그 하나님의 애통한 마음과 나의 애통한 마음이 만나는 기사를 한 번 찾아볼까요?

PLAY.1 신문 보고 기도해 (신기해)

1. 하나님이 안타까워하시고 나도 안타까움이 느껴지는 기사를 신문에서 찾습니다.
2. 기사를 가위로 잘라서, 전지에 풀로 붙입니다.
3. 기사 아래에 나의 기도제목을 적습니다.

TIPS

요즘은 신문을 보는 사람이 많이 줄었지만, 신문은 여전히 세상을 보는 중요한 한 매체로서의 역할을 감당하고 있습니다. 물론 이 활동은 '신문'을 대신할 수 있는 다른 '매체'를 사용하셔도 됩니다. "TV 뉴스 보고 기도해", "인터넷 기사 보고 기도해"도 전혀 불가능한 것은 아니지만, 교실에서 수업 시간에 전체 학생들과 하기에는 "신문"이 가장 적합할 것으로 보입니다. 요즘 언론은 그 정치적 성향이 분명한 편이어서, 다양한 신문을 제공해 주는 것이 좋습니다.

기도제목 : ____________________

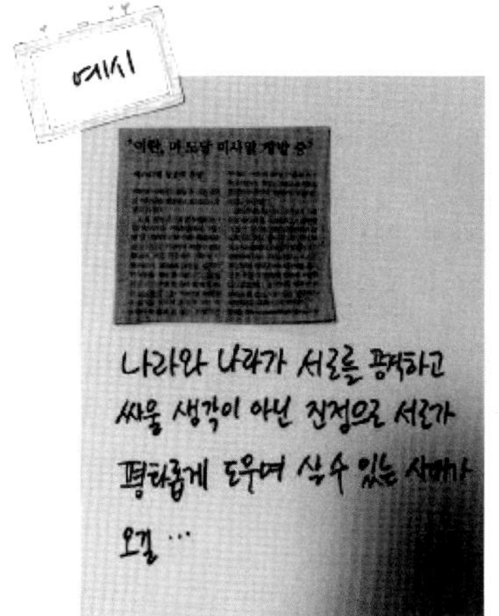

예시
나라와 나라가 서로를 공격하고
싸울 생각이 아닌 진정으로 서로가
평화롭게 도우며 살수 있는 사회가
오길…

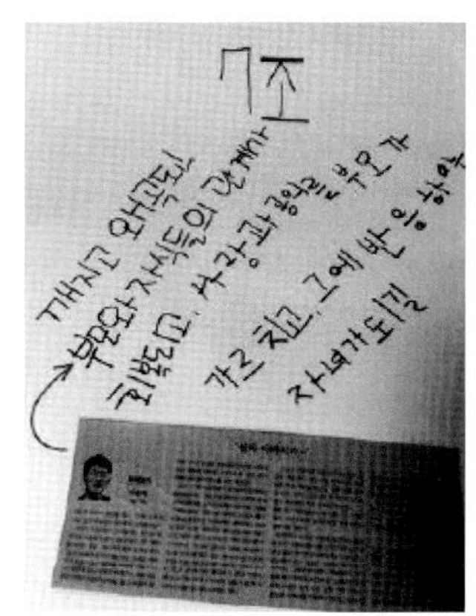

외면보다는
내면을
가꾸는
세대가 되

예시
법원, 아동 성범죄 잇단 무죄 선고
학교폭력 피해 학생 45% "자살 생각했다"

- 그룹별로 완성하여 교실에 게시할 수 있도록 합니다.
- 발표는 다음 주에 진행되기 때문에 활동지가 훼손되지 않도록 주의합니다.

단순히 어떤 기사를 스크랩하느냐 뿐 아니라 학생들이 적는 기도제목에서도 고유한 애통함이 나타날 수 있습니다. 비슷한 주제의 기사를 스크랩하더라도 기도제목이 다를 수 있기 때문입니다. 예를 들어, 두 명의 학생이 모두 '큰 화재 사건'에 대한 기사를 스크랩했다 하더라도, 한 학생은 소방관의 처우와 근무환경이 개선될 수 있기를 기도할 수 있고, 또 다른 학생은 남은 피해를 입은 사람들이 어려움을 이기고 힘을 낼 수 있도록 기도할 수 있습니다. 아이들의 애통함이 다르기 때문입니다. 기도제목을 구체적으로 적을수록 애통함을 찾아가는데 더 도움이 됩니다.

2 매일의 애통함

충분한 여유와 쉼이 확보되지 않는 삶 가운데 흥미와 재능에 대해 탐구할 시간이 많이 부족한 현실입니다. 그래서 내가 무엇을 잘하는지, 어떤 것을 좋아하는지 잘 모르는 현실이죠. 애통함은 더욱 그러합니다. 나의 고유한 안타까움이 무엇인지 생각해 보는 시간이매우 부족합니다. 따라서 오늘 한 번의 활동으로는 턱없이 부족합니다. 따라서 이번 일주일 동안만이라도 시간을 내어 활동을 더 해 보려고 합니다. 뉴스와 신문 뿐 아니라 삶에서 만나는 많은 이야기들 가운데 내가 특별히 더 '애통함'을 느끼는 내용은 무엇인지 매일 적어 보고 그에 대한 기도제목도 작성해보도록 합니다.

PLAY. 2 매일의 애통함을 찾아보기

1일차	애통함의 내용	
	기도제목	
2일차	애통함의 내용	
	기도제목	
3일차	애통함의 내용	
	기도제목	
4일차	애통함의 내용	
	기도제목	
5일차	애통함의 내용	
	기도제목	

애통함은 고통스럽거나 잘못되거나 부당한 상황
다시 말해 하나님의 성품과 일치하지 않아서
하나님의 나라에 어울리지 않는 상황을
솔직하고도 분명하게 지적하는 것이다
- 『짙은 구름, 더 깊은 긍휼』 중에서 -

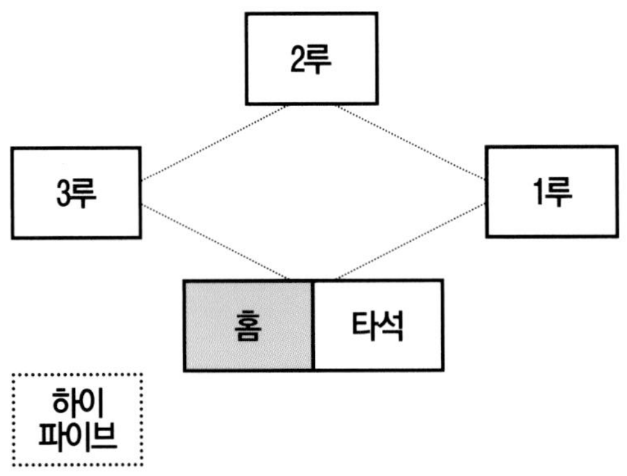
2루
3루
1루
홈
타석
하이
파이브

19
달리다굼 기도회

오늘의 경기 흐름

이번 시간에는 지난 시간 활동했던 "신기해" 활동을 그룹별로 발표합니다. 그리고 기도제목을 발표하는 것으로 그치지 않고 기도회로 이어가면서 다짐을 넘어 실천으로 연결합니다. 마지막에는 "3복으로 8복하라" 활동을 통해, 나의 애통함을 정리해 봅니다.

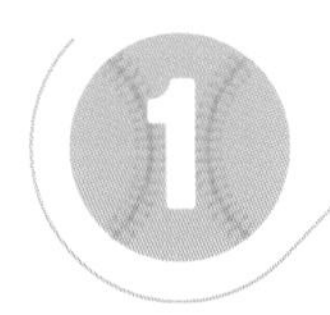

'신기해' 발표

"하나님의 뜻"과 "나의 소원"이 만나는 자리가 우리 인생의 스윗스팟(최적의 지점)입니다. 일반적인 진로교육과는 달리, 우리는 이 세상을 향한, 그리고 우리를 향한 "하나님의 뜻"을 아는 것을 진로에 있어서 아주 중요한 것으로 이해합니다.

그러므로 "하나님의 마음"을 아는 것은 우리의 진로에 매우 중요한 요소입니다. 왜냐하면 우리는 "하나님이 아파하시는 일에 나도 아픔을 느끼면 그것이 나의 소명이다"라는 것을 믿기 때문입니다. 그러므로 우리는 하나님의 마음이 어디에 머무시는지를 살피며, 그 하나님의 마음을 우리에게 주시기를 기도합니다.

하나님의 마음은 '고통받는 자들'에게 있습니다. 하나님의 마음은 하나님이 창조하신 그 목적에서 벗어난 인간과 인간 사회의 죄악 된 현실에 있습니다. 이러한 하나님의 마음과 우리의 애통함이 만나는 지점을 찾기 위해 우리는 지난 주 "신기해" 활동을 했습니다. 이 시간 발표를 통해 다른 친구들은 어떤 애통함을 가지고 있는지를 들어봅시다.

PLAY.1 신기해 발표

각 그룹들이 발표하는 것을 듣고, 그룹별로 기억에 남는 애통함 적어봅시다.

2 달리다굼 기도회

마가복음 5장에 보면 회당장이었던 야이로가 자신의 딸이 병으로 죽게 된 절망적 상황에서 마지막 실낱같은 희망을 가지고 예수님을 찾아온 이야기가 나옵니다. 그런데 예수님께서 야이로의 딸을 고치러 야이로와 함께 그의 집으로 가던 길에, 그의 딸이 죽었다는 소식이 전해집니다. 마지막 남아 있던 작은 희망마저 사라지고 절망만 남았습니다.

그런데 예수님은 "두려워 말고 믿기만 하라" 하시며, 죽은 야이로의 딸을 만나러 가십니다. 그리고 통곡하는 사람들에게 "어찌하여 우느냐? 이 아이가 죽은 것이 아니라 잔다"라고 말씀하십니다. 사람들은 비웃었지만, 예수님은 결국 그 아이의 손을 잡고 "달리다굼(내가 네게 말하노니 소녀야 일어나라)"라고 말씀하심으로, 소녀가 살아나는 기적을 일으키십니다. 예수님은 절망을 몰아내고 다시 사람들에게 희망을 주셨습니다. 그렇습니다. 우리에겐 불가능한 일이지만, 생명을 주관하시는 예수님께는 가능한 일이었습니다.

이 땅의 무너진 영역들을 볼 때, 우리도 비슷한 감정을 느낍니다. 딸이 죽게 된 것 같은 절망적인 상황입니다. 이 때 우리가 할 수 있는 유일한 것은 야이로처럼 예수님을 초청하는 것입니다. 우리가 보기에 이 땅의 정치, 문화, 사회, 경제, 의료, 교육, 예술, 기술은 다 죽은 것 같지만, 예수님이 보시기엔 자고 있기 때문에, '달리다굼(내가 네게 명하노니 일어나라)'하심으로 깨우실 수 있다는 것을 믿어야 할 것입니다.

그러므로 이 시간에는 우리가 만든 '신기해' 활동의 기도제목들을 읽으면서, 각 영역들의 문제를 예수님께 올려드리는 기도회를 가지려 합니다. 친구들의 기도제목을 하나씩 읽고 나서, 그 영역을 위해 함께 기도하고, 마지막에 "예수님의 이름으로 기도합니다. 아멘"을 함께 하면 됩니다.

PLAY. 2 달리다굼 기도회

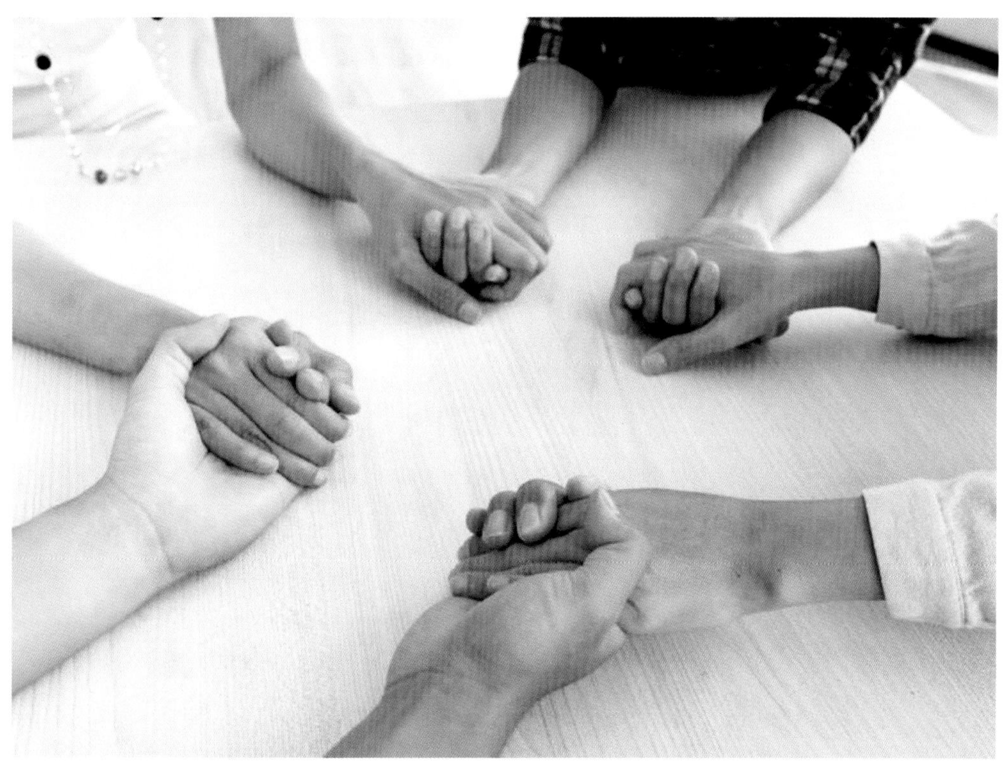

신기해 활동으로 함께 기도하는 가운데, 우리는 사명공동체로 발전해 나갑니다. 기도는 애통함을 더 깊이 묵상하는 시간임과 동시에, 애통함을 해결하는 첫 걸음이자 가장 확실한 대안이 됩니다.

3 3복으로 8복하라

이제 우리를 향한 하나님의 애통함을 한번 정리해 봅시다. 우리를 향한 하나님의 애통함의 영역은 무엇입니까? 우리가 엎드리고(伏: 엎드릴 복), 회복을 위해 힘쓰면(復: 회복할 복), 주께서 복을 주시고, 우리가 그 곳에 서 있는 것이 그 영역에 복(福: 복 복)이 됩니다. 우리의 3복으로, 무너진 세상의 8개 영역이 회복(8복)하는 소명자들이 됩니다.

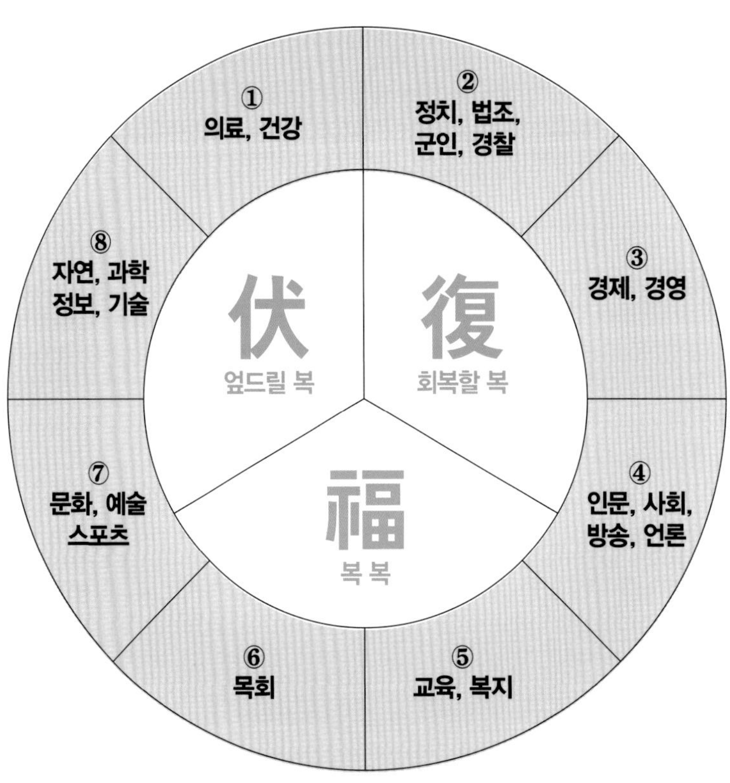

PLAY. 3 〈미션〉 3복으로 8복하라

나의 애통함 영역을 작성해 봅시다. 이 활동은 하나의 연습적인 활동이며, 향후 살아가면서 계속 변화될 수 있으니, 부담 갖지 말고 지금 떠오르는 생각들을 써 봅시다.

이름	박팔복	성별/ 나이	남 / 18
나의 애통함 영역	⑤ 교육, 복지		
애통함 현실	지나친 입시위주 경쟁 교육 때문에 학생들이 압박을 느끼고, 자기 자신으로 살지 못하는 모습		
하나님의 마음	각 사람을 향한 하나님의 계획에서 벗어나, 인간들이 만든 고통 가운데 사는 삶에 대한 애통함		
엎드릴 복(伏) - 기도제목	하나님, 교육고통을 가져오는 이 땅의 입시 위주 교육 현실을 고쳐주소서.		
회복할 복(復) - 실천사항	1. 덜 경쟁적인 사회와 교육을 만들기 위한 연구와 교육을 하여 사람들의 의식을 바꿔가자. 2. 각 사람을 향한 하나님의 계획을 발견할 수 있는 성경적 진로 프로그램을 개발하여 학생들과 학부모들에게 시행하자.		
복 복(福) - 주의 은혜			

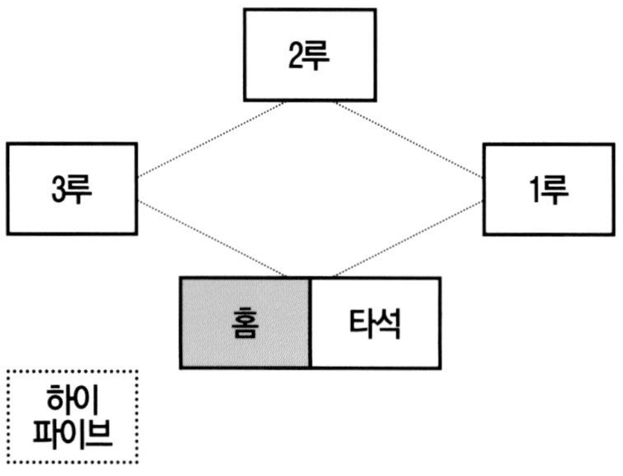
2루
3루
1루
홈
타석
하이
파이브

20 나의 SS카드

오늘의 경기 흐름

그동안 했던 스윗스팟의 내용을 정리하면서 SS(Sweet Spot)카드를 작성해봅니다. 또한 SS카드로 주변에 자신을 소개하면서 직업을 추천받는 시간을 연습합니다. 자신의 결과들을 자기 입으로 이야기하는 시간을 통해 '나'를 더 깊이 이해하는 시간을 가질 수 있습니다.

나의 SS카드 작성하기

그동안 우리는 다양한 종류의 검사와 활동들을 해 왔습니다. 이제 그 내용들을 다시 한 번 생각해 보면서 종합 정리해 볼까 합니다.

1~4과(타석)에서는 '스윗스팟'의 개념을 소개하면서, '나는 누구인가?'라는 주제로 자신을 돌아보고, 내가 얼마나 '소중한 존재'인지를 생각해 보았습니다.

5~8과(1루)에서는 '나의 소원'과 '내가 흥미와 몰입을 느끼는 것들'에 대해 알아보는 시간을 가졌습니다.

9~12과(2루)에서는 나의 강점과 적성, 은사들을 살펴 보고, '내가 잘하는 것들'을 생각해 보는 시간을 가졌습니다.

13~16과(3루)에서는 일과 직업에 대한 통찰, 그리고 내가 중요하게 생각하는 가치들을 생각해 보고, '가치를 지향하는 삶'에 대해 생각해 보았습니다.

17~20과(홈)에서는 내가 가장 마음 아파하는 일들을 생각해 보고, 그 애통함이 어떻게 소명으로 전환되는지에 대해서 생각해 보았습니다.

각 과에서 해 왔던 활동들을 SS(sweet spot)카드에 다시 정리해 봅시다.

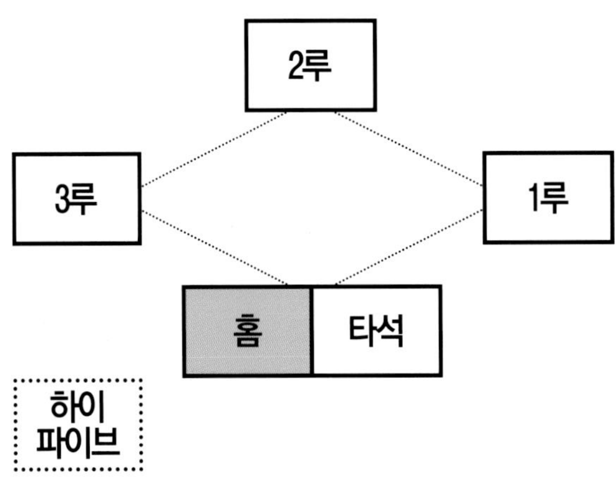

PLAY.1 나의 SS카드 작성하기

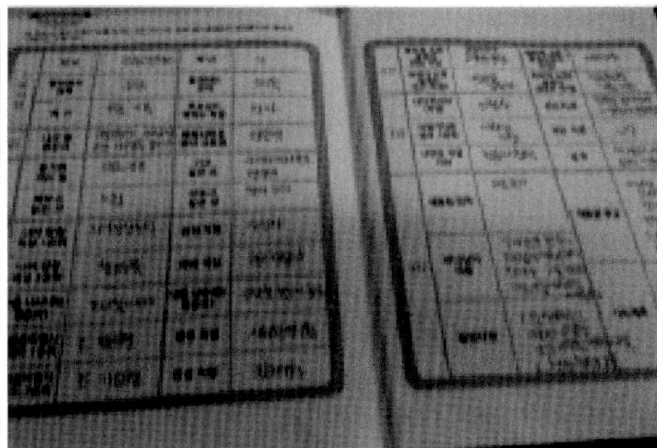

※〈나의 SS카드〉는 책 제일 뒷면 부록에 뜯어서 작성하실 수 있게 준비해 두었습니다.

- 이 활동은 기존의 활동을 종합하는데 목적이 있습니다. 따라서 기존에 작성했던 내용에 추가하거나 수정하지 않고 최대한 그대로 옮겨 적도록 합니다.
- '나'를 정리하는데 초점을 둡니다. 옆 사람과 비교하지 않고 나에게 집중할 수 있도록 합니다.

2 나의 SS카드 소개하기

SS카드를 만들어보는 시간을 통해 '나'를 이해하고 '나의 진로'에 대해 생각해 보는 시간이 되었을 겁니다. 더 나아가 SS카드로 나를 소개해보려고 합니다. 내가 나를 설명하는 시간을 통해 작성한 내용들을 더 깊이 이해할 수 있을 것입니다. 또한 나를 가장 잘 알고 있는 나의 주변 사람과 '나'와 '나의 진로'라는 주제로 대화를 해 보는 매우 의미 있는 시간이 될 것입니다.

그래서 주변 사람 3명에게 SS카드로 나를 소개하고 추천 직업 받아오는 '과제'를 수행합니다 (이 시간에는 연습으로 스윗스팟 과정을 함께 진행하고 있는 친구들과 먼저 해보도록 합시다). 추천 직업 Best 3를 작성하고, 활동하면서 생긴 소감을 써 봅시다.

PLAY. 2 SS카드로 나를 소개하고, 어울리는 직업 추천 받기(연습)

추천 직업 Best 3 :

활동 소감 :

- SS카드 작성만큼이나 SS카드로 나를 소개하는 활동(과제)도 매우 중요합니다. 반드시 해당 내용을 직접 읽으면서 설명하도록 하십시오. '나'와 '나의 진로'를 이해하는 측면에도 도움이 되겠지만 소개하는 과정을 통해 자신감과 건강한 자존감도 얻게 될 것입니다.
- 소개하는 대상을 다양화할 때보다 효과적인 과제 수행이 될 것입니다. 친구 3명에게 소개하는 것보다는 선생님, 부모님, 형제자매, 목회자, 학교선후배, 교회선생님 등 다양한 대상과 과제를 수행할 수 있도록 도와줍니다.
- 학생들의 SS카드는 교사가 복사를 해서 가지고 있으면, 향후에도 학생을 이해하고 진로진학지도를 하는 데 큰 도움이 됩니다.

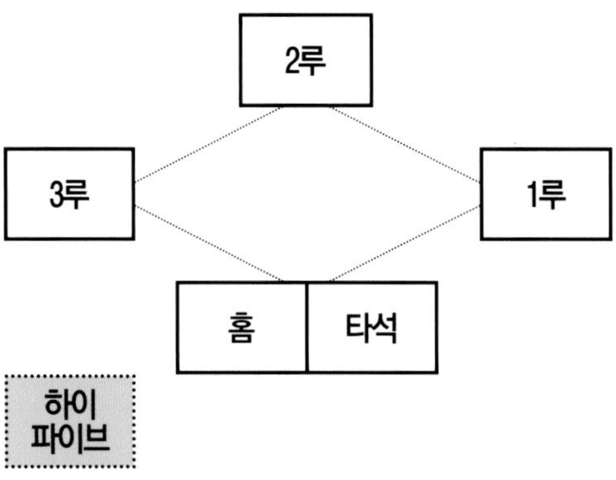
2루
3루
1루
홈
타석
하이
파이브

21
하나님 나라

오늘의 경기 흐름

SS카드를 가지고 주변에게 자신을 소개했던 활동(과제)에 대한 소감을 나눠봅니다. 그리고 추천받은 직업들에 대해서 나누고 그것들이 내가 이전에 생각해봤던 직업들과 얼마나 일치했는지 이야기합니다. 또 우리의 궁극적인 소망인 하나님 나라에 대해 배워보며 오늘 나의 자리에서 하나님 나라를 회복해가기를 다짐합니다.

*지난 17~20과에서는 우리의 '애통함'('난 이게 마음 아파')에 대해 살펴보았습니다. 이제 마지막 21~24과에서는 실제로 내가 꿈꾸는 삶에 가장 가까이 가 있는 분과의 '만남'('난 만날 거야')의 시간을 가져보려 합니다. '만남'이 중요한 '진로 교육'이 된다는 것을 알게 될 것입니다.

나의 SS카드 피드백 발표

SS카드는 그동안 우리의 활동들을 한 눈에 볼 수 있게 총 정리하게 해 주며, 우리가 그 내용을 다른 이들에게 나눌 수 있도록 만들어져 있습니다. 그것을 지인들에게 나누면서 피드백을 받아보았지요? 어땠나요? 다른 사람에게 나를 설명하면서 나를 더 잘 알게 되진 않았나요? 나의 설명을 들은 지인들이 나에게 적합할 것 같다고 추천해 주는 직업에 대해 어떤 느낌을 받았나요? 이제 지난 시간의 과제들을 선생님과 친구들에게 발표해 봅시다.

PLAY.1 나의 SS카드 작성하기

나의 추천직업 BEST 3와 느낀 점

추천인	추천 직업

느낀 점

하나님 나라

여러분은 "하나님 나라"에 대해 들어보셨나요? 여러분이 생각하는 "하나님 나라"는 어떤 곳인가요?

PLAY. 2 하나님 나라?

여러분이 생각하는 "하나님 나라"를 그림으로 그리거나, 글로 써 봅시다.

TIPS

이 활동은 "하나님 나라"라는 단어에 대한 학생들의 선 이해를 확인하는 과정입니다. 바로 교사가 "하나님 나라는 이런 것이다"라고 가르쳐주지 않고, 아이들이 먼저 생각해 보게 하는 것입니다.

다음의 두 어린이 찬양 가사를 통해, “하나님 나라”의 개념에 대해 생각해 봅시다. 이 찬양들은 “하나님 나라(천국)”의 개념을 어떻게 설명하고 있나요?

돈으로도 못가요

돈으로도 못가요 하나님 나라
힘으로도 못가요 하나님 나라
거듭나면 가는 나라 하나님 나라
믿음으로 가는 나라 하나님 나라

천국은 천국은

천국은 천국은 하늘에만 있는 것이 아니죠~
하나님의 뜻이 이루어지는 나라 천국이죠
무엇을 하든지 어디를 가든지
하나님 뜻을 이루어가면 그곳이 바로 천국이죠
하늘의 뜻을 땅에서 이루는 어린이
하늘의 뜻을 땅에서 이루는 어린이
하나님 나라는 바로 나를 통해 이뤄지리

하나님 나라 : 사후 / 공간적 **개념과** 사는 동안 / 통치적 **개념**

TIPS

찬양을 같이 불러보거나 찬양 영상 혹은 음원을 들어도 좋을 것 같습니다. 노래하면서 두 찬양에서 말하는 하나님 나라 개념을 생각해 보게 합니다. 앞의 그룹별 논의를 요약 정리하는 과정입니다.

우리는 두 찬양이 설명하는 대표적인 하나님 나라 개념을 살펴보았습니다. 전자의 하나님 나라 개념이 사후에 가는 하나님 나라를 강조한다면, 후자의 하나님 나라 개념은 지금 이 땅에서의 하나님 나라를 강조합니다. 만약 후지와 같이 하나님 나라를 ‘죽은 후에 가는 장소적 공간’으로만 생각하지 않고, 오늘날 지금 임하는 ‘왕 되신 하나님의 통치와 다스림이 있는 곳’이라고 정의한다면, 지금 하나님 나라가 임하여 하나님의 뜻이 이루어져야 할 땅은 어디일까요? 다시 그룹 친구들과 함께 한번 생각해 봅시다.

나라가 임하시오며 뜻이 하늘에서 이루어진 것 같이
땅에서도 이루어지이다 (마태복음 6:9~10)

TIPS

- 학생들에게 지금 하나님의 통치가 필요한 곳이 어디인지 질문하는 것은. 하나님 나라 개념이 지금 자신의 삶과 깊이 연결될 수 있다는 것을 알려주기 위한 활동입니다.
- 응답은 '내 마음'부터, 내 가정: '우리 학교, '우리나라', '특정 영역(직업 영역): '특정 지역, '온 세계 열방'까지 다양한 응답들이 나올 것입니다.

무엇이라고 썼나요? 다양한 응답이 있을 수 있겠지만, 하나님 나라(하나님의 다스림)가 임해야 할 곳은 '내 마음'부터, '내 가정, 우리 학교', '우리나라', '특정 지역', '특정 직업 영역', '온 세계 열방'까지 해당될 것입니다. 이를 그림으로 나타 내면 아래와 같습니다.

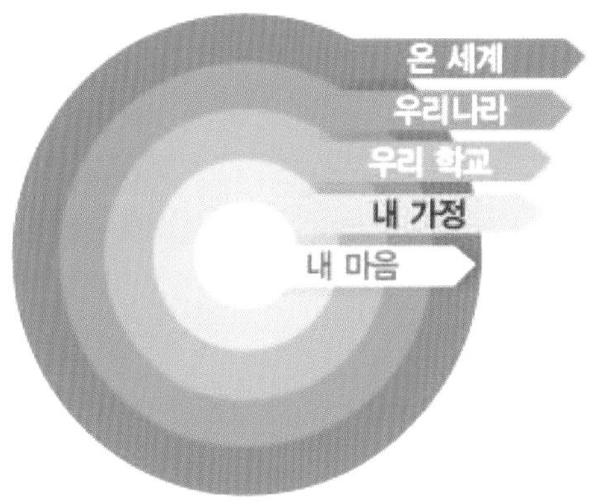

그런데 왜 하나님 나라는 이 땅에 임하지 않는 것처럼 느껴지는 걸까요? 이렇게 많은 곳에 하나님 나라가 임해야 하니까 하나님도 힘드시고 시간이 많이 소요되는 걸까요? 아닙니다. 하나님은 분명 혼자서도 오늘 즉시 하실 수 있습니다. 그러나 이 땅을 하나님 나라로 회복하는 일에 우리를 동역자로 불러주셨습니다. 더디게 이루어지는 것 같지만, 반드시 이루어질 것입니다.

따라서 우리는 주기도문의 기도('나라가 임하시오며')를 기도만 할 뿐 아니라, 하나님의 나라가 오늘 이곳에 임하게 하는 사명에 성실하게 응답하는 삶을 살아가야 합니다. 그럴 때 나를 통해 하나님 나라가 회복되어 나와 우리 주변의 이웃도 더욱 행복해지게 됩니다.

이 땅의 현실을 보다 보면 하나님 나라가 이 땅에 임하는 것이 어려워 보일 수 있습니다.

그럴 때 나에게 소원을 허락하신 하나님을 바라봅시다. 그리고 하나님께서 나를 통해 하실 일을 기대해봅시다. 우리를 통해 이루어가실 하나님 나라를 믿음으로 함께 소망합시다.

인간 존재의 전 영역에서 만유의 주재이신 그리스도께서
'내 것'이 아니라고 외치는 곳은 단 한 뼘도 없다.
- 아브라함 카이퍼 -

3 직업 영역 회복을 위한 소명 공동체

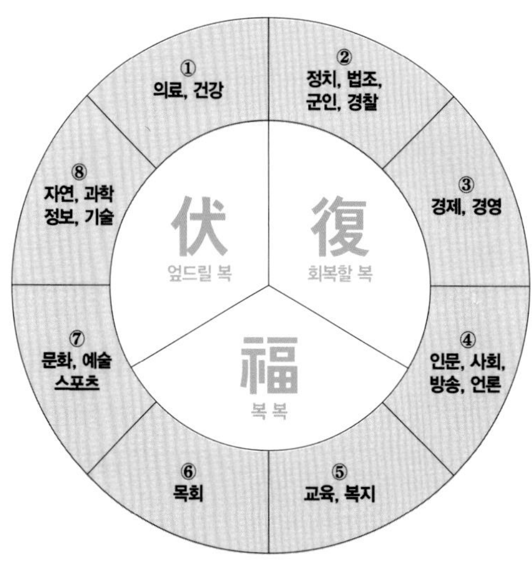

'3복으로 8복하라'를 기억하시죠? 우리가 하나님 앞에 기도하고, 그 직업 영역의 회복을 위해 노력할 때, 하나님은 우리를 그 직업 영역에서 '복이 되는 사람'이 되게 하십니다.

그러나 그 일은 뛰어난 한 사람이 해낼 수 있는 일이 아닙니다. 하나님께서는 각자의 소명을 발견하고 그에 합당한 삶을 살아가려고 할 때, 그 길에서 같은 소명을 받은 사람들을 만나게 하십니다. 그 일을 이루기 위해 준비해 두신 또 다른 소명자들과 힘을 합하여 그 일을 이루게 하십니다. 하나님은 우리가 소명을 발견하고 이뤄가는 과정에서 홀로 그 길을 가기보다 믿음의 사람들과 함께하길 원하십니다.

그러므로 우리는 소명 공동체를 이루고, 서로를 격려하며, 함께 하나님의 일들을 성취해 나가야 할 것입니다. 전도서의 말씀처럼 사람은 관계를 맺어 살아갈 때 가장 강하며, 협력하여 일할 때 하나님께서 주신 소명을 온전히 감당할 수 있습니다.

두 사람이 한 사람보다 나음은 그들이 수고함으로 좋은 상을 얻을 것임이라
혹시 그들이 넘어지면 하나가 그 동무를 붙들어 일으키려니와
홀로 있어 넘어지고 붙들어 일으킬 자가 없는 자에게는 화가 있으리라…
한 사람이면 패하겠거니와 두 사람이면 맞설 수 있나니
세 겹 줄은 쉽게 끊어지지 아니하느니라
(전도서 4:9~12)

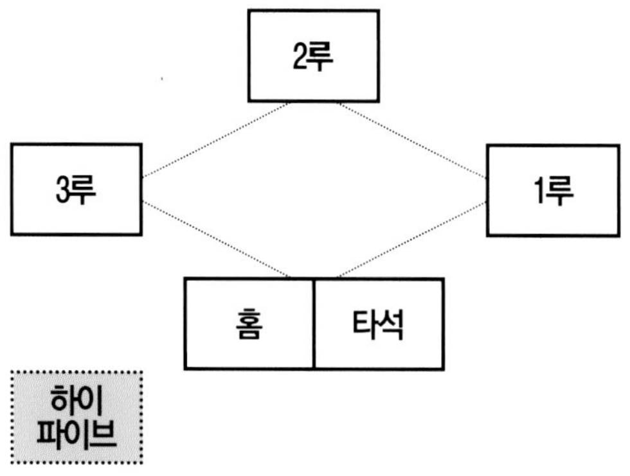
2루
3루
1루
홈
타석
하이
파이브

22
스윗스팟 코치 만남

오늘의 경기 흐름

하나님의 뜻과 나의 소원이 만나는 자리 스윗스팟을 찾기 위해 지금까지 열심히 달려오셨습니다. 이제 나의 스윗스팟에 가장 가까이 가 있는 사람(스윗스팟 코치)을 만나보는 시간을 통해, 나의 스윗스팟을 더욱 구체적으로 생각해 보고자 합니다. 만남은 우리의 스윗스팟을 더욱 구체화 시켜줄 것입니다.

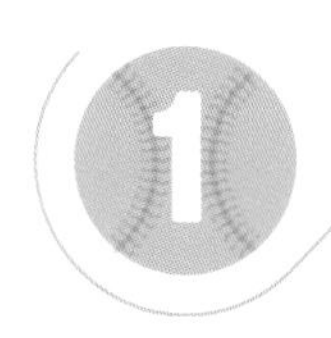

원포인트 레슨

그동안 우리는 우리의 흥미와 강점들을 살펴보고, 우리가 가치롭게 생각하는 것들과 하나님의 애통함이 우리에게 와 닿는 부분까지 살펴보았습니다. 그리고 이 부르심의 자리에서 소명 공동체를 만나게 하심도 배웠습니다.

이번 과에서는 우리가 꿈꾸는 그 삶에 가장 가까이 다가가 있는 누군가를 만나보는, '만남의 시간'을 가져보려고 합니다. '만남'이 얼마나 중요한 교육인지, 이 과를 통해 여러분도 깨닫게 될 것입니다.

한국 최고의 타자였던 이승엽 선수는 일본 진출 첫 해, 일본야구의 세밀한 '현미경 야구'에 약점을 노출해 부진에 빠졌던 적이 있었습니다. 일본 투수들이 이승엽 타자의 약점이 있는 곳으로만 집중적으로 공을 던지니, 잘 쳐내지를 못하게 된 것입니다.

그러나 바로 그 다음 해에는 이승엽 선수가 30홈런 82타점의 좋은 성과를 거두게 되었습니다. 어떻게 이러한 결과가 가능했을까요? 그것은 바로 야구의 신이라 불리는 김성근 감독의 지도 덕분이었습니다. 김성근 감독은 집요하게 이승엽 선수를 괴롭혔던 떨어지는 볼과 몸쪽으로 붙는 공을 잘 적응할 수 있도록 타격폼을 수정해 주었습니다. 그 결과, 타석에서의 불필요한 동작을 없애고 타격폼도 간결해지면서 좋은 기록이 나왔습니다. 타격 지도와 정서적 안정까지 도운 김성근 감독의 '원포인트 레슨'이 효과를 본 것입니다.

진로를 고민하고 결정하는 과정에도 이러한 '원포인트 레슨'이 필요합니다. '스윗스팟 코치'의 '원포인트 레슨'을 통해 우리에게 필요한 중요한 조언을 듣고, 직업의 영역에서 각자 필요한 부분이 무엇인지 더욱더 알아가는 시간이 되길 소망합니다.

2 만남의 의미

사람은 사람을 통해 배우고 채워지고 변화되어 갑니다. 진로를 발견하고 또한 이를 발전시켜 나가는데 있어 주변사람의 영향력은 상당히 큽니다. 특히 내가 관심 있는 영역의 스윗스팟 코치와의 만남은 그 자체로 소중한 경험이자 공부가 될 수 있으며, 꾸준히 고민하고 생각했던 그 꿈을 계속해서 발전시켜 나아가게 하는 원동력이 될 수 있습니다. 특히 자신이 소망하는 직업과 관련된 사람들과의 만남은 그 직업에 대해 좀 더 정확하게 알게 만들기도 하고, 그 꿈에 대한 확신을 갖게 하기도 하며, 꿈이 새롭게 변화되기도 합니다.

1) '그 꿈이 내가 생각한 것과 달랐어요.'

때로 많은 사람들은 자신의 일이 처음 그 일에 대해 가졌던 인상과 전혀 다르다는 것을 알게 된다. 어떤 일에 대해 부정확한 이미지를 갖는 것은, 미리 충분히 점검할 시간을 갖지 않았거나 그 방법을 알지 못 했기 때문일 수 있다. 예를 들어 어떤 학생은 단지 자신이 어떤 수업을 좋아했다는 사실에 근거해서 직업을 선택하는 경우도 있다. 그러나 심리치료사의 일과 그 분야에서 살아가는 일상은 전혀 다르다.

_ 케빈 브렌플렉, 케이 마이 브렌플렉(2006). 소명찾기. INP

2) '그 꿈에 대해 더 확신을 갖게 되었어요.'

.... 정아를 모델로 진행된 김영란 원장의 메이크업 시연은 한창 화장에 관심 많은 십대 소녀들의 열렬한 호응을 자아냈다. 귀에 쏙쏙 들어오는 알찬 강의에 누이들이 눈을 빛내는 동안, 정아 누나의 변신을 지켜보던 준혁은 말로만 듣던 '화장발'의 위력에 감탄했다는 후문이다.

"기초 화장법이랑 세안법, 유용한 메이크업 팁을 알려주셔서 정말 재밌었어요. 원장님의 이야기를 들으며 메이크업아티스트로서 갖는 자부심과 보람을 충분히 느낄 수 있었어요. 제 꿈에 더 확신을 갖게 된 것 같아요." (최정아)

_ 2018년 [청소년 자발적 여행 활동 지원사업 '길 위의 희망 찾기']
여행명 'Dream Job으러 가드래여~' 후기
출처 : 아름다운재단 홈페이지 https://beautifulfund.org/30620/

3) '만남을 통해 꿈이 변화되었어요.'

윌리엄 윌버포스는 영국의 노예제도 폐지운동을 이끈 정치인입니다. 그는 '존 뉴턴'목사를 만나 꿈이 변화되었습니다. 정치인이었던 그가 목사가 되기 위해 한참 입학에 대해 고민하고 있었을 때, 존 뉴턴 목사님은 윌버포스에게 "하나님은 신학교에 가는 것 이상으로 더 중요한 부르심이 있어 당신을 영국 의회에 보내셨을 것입니다."라고 상담해주셨고, 윌버포스는 신학교 입학을 하지 않았습니다.

_ 에릭 메택시스(2008). 어메이징 그레이스, 국제제자훈련원

어떠한 직업을 선택할 때, 단지 어떤 수업을 좋아해서, 그 직업을 가진 사람이 좋아서, 나 아닌 다른 사람들이 그 직업을 선망하기 때문에라는 이유로 직업을 선택한다면 나중에 혼란을 겪게 될 것입니다. 우리가 꿈꾸던 직업의 직업인과의 '만남'은 그 자체로 소중한 경험이 될 수 있습니다. '아는 만큼 보고, 보는 만큼 느낀다'는 말이 있듯이 만남을 통해 그 직업에 대해 충분히 점검하고, 알아보는 시간을 가지게 될 것이기 때문입니다.

3 스윗스팟 코치 정하기

여러분! 우리는 이제 스윗스팟 코치를 만나게 됩니다. 직업영역에서 하나님 나라를 위해 수고하고 있는 '스윗스팟 코치'를 만나는 것은 하나님의 통치가 직업 활동을 통해 어떻게 구체적으로 세상에 실현되는지를 깨닫게 도와줄 것입니다. 막연하게 생각했던 나의 꿈이 직접 스윗스팟 코치를 만나는 계기를 통해 더 선명해졌으면 합니다.

먼저 스윗스팟 코치를 만나기 위한 그룹을 구성해봅시다. 1:1로 코치를 만날 수 있는 상황이 아니라면, 관심 있는 직업 영역이 비슷한 사람들끼리 한 그룹을 만들어 봅시다.

1) 스윗스팟 코치 원포인트 레슨 그룹 편성

PLAY.1 그룹 편성

원하는 직업 영역 1, 2, 3순위를 기록해 주세요.

1. 의료, 건강	( ) 순위	2. 정치, 법조, 군인, 경찰	( ) 순위
3. 경제, 경영	( ) 순위	4. 인문, 사회, 방송, 언론	( ) 순위
5. 교육, 복지	( ) 순위	6. 목회	( ) 순위
7. 문화, 예술, 스포츠	( ) 순위	8. 자연, 과학, 정보, 기술	( ) 순위

2) 영역별 그룹 모임

관심사가 비슷한 학생들끼리 한 조가 되었다면, 각 조에서 만나고 싶은 스윗스팟 코치를 정해 봅시다. 어떤 분을 만나고 싶은지를 나누어 봅시다. 관련 직업인들의 동영상과 기사를 찾아보셔도 좋습니다.

TIPS

- 처음부터 교사가 코치 섭외를 도와주기보다는, 먼저 학생들이 만나고 싶은 직업인들을 결정하고, 직접 섭외할 방법을 찾고, 시도해 보도록 하는 것이 좋습니다.
- 코치 섭외가 현실적으로 어려워질 수 있으므로, 교사는 학생들의 관심 직업군을 컨택할 수 있는 다양한 시도들을 해 볼 필요가 있습니다. 교회나 기독교학교의 다양한 인적자원을 활용하시면 좋습니다.
- 완벽하게 자기가 원하는 직업의 직업인과 만날 수 없을 수도 있습니다. 그러나 그런 만남이라도 학생들에게 의미 있는 만남이 될 수 있음을 잘 교육해 주실 필요가 있습니다.

스윗스팟 코치 만남 준비

PLAY. 2 코치 만남 준비

1) 인터뷰 질문 정하기

준비한 만큼 좋은 만남이 될 수 있다는 것을 기억합시다. 이제 인터뷰를 위한 질문 목록을 만들어 보도록 합시다.

① 포스트잇에 스윗스팟 코치에게 하고 싶은 질문을 써서, 전지에 붙인다.
② 유사한 내용의 질문을 분류하여, 겹치는 내용은 하나의 질문으로 요약, 정리한다.
③ 많이 나오지 않는 질문이라도 꼭 필요한 질문이라고 생각된다면 분류한다.
④ 우리 그룹에서 스윗스팟 코치에게 질문할 내용, 5가지 정도를 선택한다.

1	
2	
3	
4	
5	

2) 인터뷰 역할 정하기

인터뷰를 진행할 때, 어떤 역할들(섭외 담당, 질문 담당, 서기 담당, 사진 담당, 영상 담당, 기타 발표 역할)이 필요할까요? 담당자를 정해 봅시다.

섭외 담당		사진 담당	
질문 담당		영상 담당	
서기 담당		(　　) 담당	

3) 인터뷰 주의사항

무엇보다도 인터뷰에서 중요한 것은 **"사전 조사와 준비"**입니다. 인터뷰 하는 분이 누구인지도 모르고, 상황에 어울리지 않는 질문을 하면 곤란한 상황이 생길 수 있기 때문입니다. 사전에 확인할 수 있는 정보들은 다 확인하고, 더 알고 싶은 내용을 토대로 질문하는 것이 필요합니다.

또 하나 중요한 것은, 밝은 표정과 편안한 분위기를 만들되, 겸손한 자세와 배려의 마음으로, **"경청(귀 기울여 듣는 것)"**하는 자세를 갖는 것입니다. 귀 기울여 듣지 않고, 질문만 한다면, 이미 대답했던 내용을 한 번 더 질문하게 되는 실례를 범할 수도 있고, 이미 다른 질문 속에서 대답이 이루어졌는데, 준비된 질문이라고 또 할 수도 있기 때문입니다.

〈부록〉 직업인 인터뷰 참고자료

스윗스팟 코치를 직접 만나기 전에, 온라인 상에 있는 다양한 직업인들의 인터뷰를 활용해서, 간접적인 만남을 가져봐도 좋을 것 같습니다. 직업 흥미, 적성, 가치관 검사를 했던 커리어넷 사이트 안에도 다양한 온라인 만남 영상들이 있으니, 참고하셔도 좋습니다.

사이트	경로 및 내용
커리어넷 www.career.go.kr	**직업·학과정보 인터뷰 〉 직업인 인터뷰** 사회 각 분야에서 주도적인 역할을 하고 있는 직업인을 중심으로 도전하는 한국인, 동영상 인터뷰, 창의적 기업가로 분류되어 있음
워크넷 www.work.go.kr/jobMain.do	**직업, 진로 〉 직업, 취업, 학과 동영상 〉 직업 동영상** 국제기구, 경영, 회계, 사무 관련직, 금융, 보험 관련직, 교육 및 자연과학 사회과학 연구 관련직 등 각 영역별로 다양한 직업의 동영상이 탑재되어 있음
	신 직업/직업탐방 〉 직업인 인터뷰 다양한 직업 사람들의 생생한 인터뷰(클라우드보안분석가, 홀로그램디자이너, 애견유치원교사 등), 총 180여개의 직업인 인터뷰 수록
서울진로진학정보센터 www.jinhak.or.kr	**진로정보 〉 진로직업정보 〉 전문가와의 만남 동영상** 총 63개의 직업 동영상을 탑재하고 있으며, 쇼콜라티에(쵸콜렛 전문가), 쇼핑호스트, 게임캐스터 등 학생들의 흥미를 유발하는 신생 직업을 적극 소개
세상을 바꾸는 시간 www.cbs.co.kr/tv/cbs15min	**TV 〉 세상을 바꾸는 시간, 15분 〉 방송보기** TED 형식의 한국형 미니 프리젠테이션 강연 프로그램, 우리 사회, 다양한 영역의 강사들이 트렌드, 교육, 경제, 청년, 평화 등의 주제로 진행
지식채널e jisike.ebs.co.kr	**다시보기 〉 내용별 보기 〉 인간/ 삶, 인물 등** 인물 관련: 미국의 우상(헬렌 켈러), 바보 의사 1,2부 장기려, 지독한 싸움꾼(간디), 별 볼 일 없던 외톨이의 대성공, 우라늄 –퀴리 부인, 챔피언, 항상 갈망하라 공병우 타자기, 파블로 카잘스의 콘서트, 미스터 추

<table>
<tr><td rowspan="3">지식채널e
jisike.ebs.co.kr</td><td>진로(직업) 관련</td><td>한 권의 책, 나는 달린다, 나는 치어리더, 어느 중퇴생의 꿈, 8분, 백수의 일기, 생애 최고의 내일, 어떤 의사들, 나는 로봇, 줄 위를 걷는 사람, 어떤 19살, 거룩한 기도</td></tr>
<tr><td>사회적 기업</td><td>적절한 기술, 최고의 자격(그라민 은행)</td></tr>
<tr><td>노동 관련</td><td>파키스탄의 아이 이크발, 착한 쵸콜릿, 커피 한잔의 이야기</td></tr>
<tr><td rowspan="2">인터뷰 365
www.interview365.com</td><td colspan="2">다시보기 〉 내용별 보기 〉 인간/ 삶, 인물 등</td></tr>
<tr><td colspan="2">문화계 이야기와 함께 문화를 움직이고 이끌어가는 각계 인물들의 근황을 전하고, 그들이 살아오고 살아가게 될 진솔한 삶의 모습, 인생의 지혜를 심층 인터뷰로 소개</td></tr>
<tr><td rowspan="2">리틀 빅 히어로
tvn.cjenm.com/ko/littlebighero</td><td colspan="2">히어로 히스토리 or 미리 / 다시보기 〉 회차별 정보</td></tr>
<tr><td colspan="2">각자의 자리에서 남몰래 선행을 실천하는 이웃들을 찾아 소개, 소외된 이웃을 위해 나눔을 실천해온 사람, 실패를 두려워하지 않고 작은 일이라고 먼저 실천한 사람, 좋은 세상을 만들기 위해 세상에 없던 가치를 발굴해 내는 사람들의 이야기 등이 있음</td></tr>
<tr><td rowspan="2">모두(MODU) 매거진
modumagazine.tistory.com</td><td colspan="2">진로와 꿈 〉 직업인 인터뷰</td></tr>
<tr><td colspan="2">중고등학교에 무료로 배포되는 청소년 진로 잡지 & 웹진 직업멘토/롤모델 인터뷰, 직업정보, 학과정보 등</td></tr>
<tr><td rowspan="2">갓피플(GODpeople)
cnts.godpeople.com/ca/인터뷰</td><td colspan="2">갓피플매거진 〉 Cover Story</td></tr>
<tr><td colspan="2">유명 인사들의 인터뷰(직업, 하나님을 경험한 이야기, 기도제목 등)를 지면 인터뷰 혹은 동영상으로 수록</td></tr>
</table>

PLAY. 3 지금 만나러 갑니다.(스윗스팟 코치와의 인터뷰 내용을 기록해보세요.)

인터뷰 일자 : 년 월 일

직장명(직업)		스윗스팟 코치	
만남 시간 & 장소		영역	
팀원(역할)		연락처	

질문 내용	답변 내용
소감	

스윗스팟 코치를 만나서 사진도 찰칵!

스윗스팟 코치와의 만남 이후에는 보고대회를 위한 발표 준비를 해 봅시다. 제일 먼저, 같은 코치를 만나고 온 그룹친구들끼리 만남의 소감을 나눠보고, 발표 자료를 만들어 봅시다.

PLAY. 4 팀 발표 자료 만들기

'스윗스팟 코치 원포인트 레슨' 소감을 나눠 보고, 나눔 내용을 토대로, 팀 발표 내용을 정리하도록 합시다. 아래 예시(**'인생 그래프'**, **'그림'**, **'인터뷰 재연'**, **'인터뷰 내용 정리'**, **'연극'**, **'영상'**, **'PPT'**, **'사진'**, **'노래(개사 포함)' 등**)를 참고하여 참신한 발표 방식을 정해 봅시다.

*실제 발표의 예

스윗스팟코치의 삶을 그림으로 표현

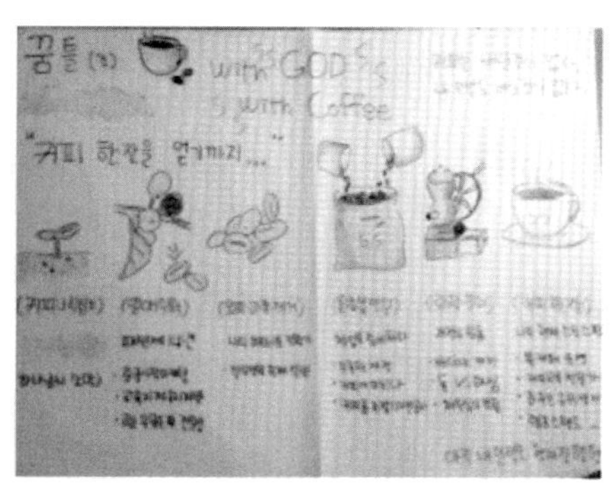

스윗스팟코치의 삶을 그림으로 표현

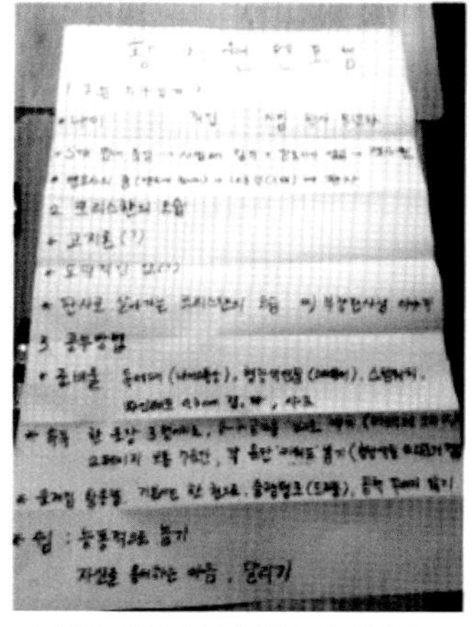

스윗스팟코치 인터뷰 내용 정리

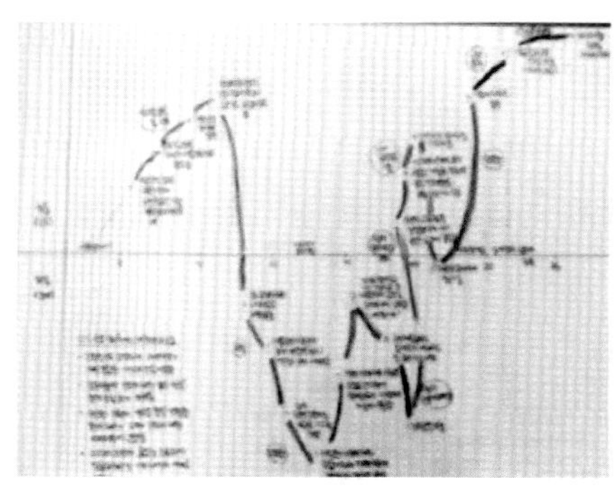

스윗스팟 코치의 인생그래프

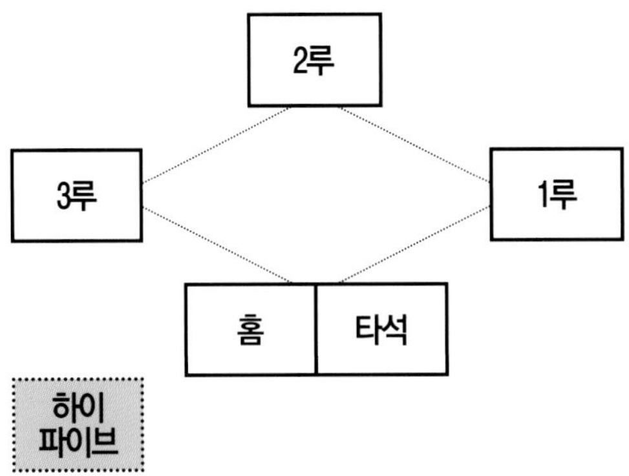
2루
3루
1루
홈
타석
하이 파이브

23
보고대회

오늘의 경기 흐름

우리는 지난 시간에 스윗스팟 코치들을 만나보았습니다. 오늘은 스윗스팟 코치와의 만남을 통해 구체적으로 깨달은 내용들을 그룹 친구들과 정리하고 스윗스팟 보고대회를 진행하려고 합니다. 그룹별 발표를 통해 다양한 영역의 스윗스팟 코치들의 삶과 직업을 살펴보고, 각자의 느낌을 나누어보도록 합시다.

그룹 발표

스윗스팟 코치를 잘 만나고 왔나요? 그룹별로 준비된 발표를 해 봅시다. 다른 그룹의 코치 만남 발표를 들으면서, 깨달아진 점들을 적어봅시다.

PLAY. 1 스윗스팟 원포인트 레슨, 귀 기울여 듣기

각 영역별 스윗스팟 원포인트 레슨 발표를 통해 배우고 싶은 점을 적어보세요.

1. 의료, 건강	2. 정치, 법조, 군인, 경찰	3. 경제, 경영
4. 인문, 사회, 방송, 언론		5. 교육, 복지
6. 목회	7. 문화, 예술, 스포츠	8. 자연, 과학, 정보, 기술

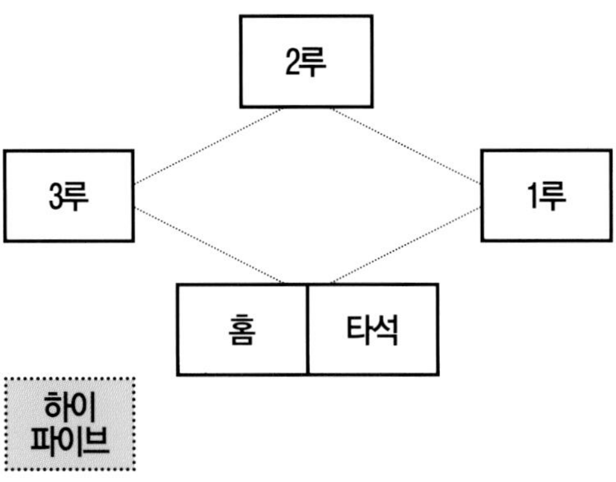
2루
3루
1루
홈
타석
하이
파이브

24 다시 시작!

오늘의 경기 흐름

드디어 스윗스팟의 마지막 날입니다. 스윗스팟의 로드맵을 살펴보면서, 이 성경적 진로 소명 탐색의 여정 가운데 우리가 배웠던 것을 상기하면서, 스윗스팟이 나에게 어떤 의미가 있었는지 친구들과 나누어 봅시다. 스윗스팟 선언문을 작성하고, 각자 작성한 스윗스팟 선언문을 토대로 하나님이 주신 소명의 자리로 어떻게 나아가야 할지 고민해 봅시다.

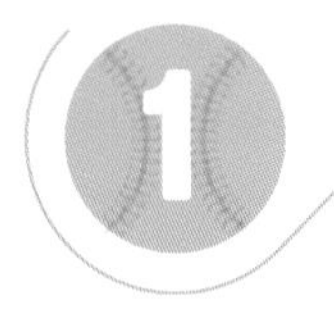

끝날 때까지 끝난 게 아니다

'It ain't over till it's over' (끝날 때까지 끝난 게 아니다)
- Yogi Berra (요기 베라) -

여러분, '야구는 9회말 2아웃부터'라는 말을 들어보셨나요? '끝날 때까지 끝난 게 아니다'라는 말은요? 이 야구계의 명언들은 경기가 끝나기 전에는 언제든지 역전이 가능하니, 마지막까지 최선을 다해야 한다는 말로, 우리의 인생에도 적용되는 말이라 사람들이 많이 쓰는 말입니다. 그런 의미에서 우리도 마지막 수업까지 최선을 다해 볼까요?

먼저 마지막 시간에, 노래 한 곡을 선물로 여러분과 나누고 싶습니다. 베란다 프로젝트(김동률, 이상순)의 "괜찮아"라는 노래입니다.

(1절)

함께 출발한 네 친구들이
어느새 저만치 앞서 달릴 때

닿을 듯 했던 너의 꿈들이
자꾸 저 멀리로 아득해질 때

그럴 때 생각해
지금 이 순간이 언젠가 너를
더욱 빛나게 할 거야

괜찮아, 힘을 내
넌 할 수 있을 거야
좀 서툴면 어때
가끔 넘어질 수도 있지

세상에 모든 게 단 한 번에 이뤄지면
그건 조금 싱거울 테니

(후렴)

괜찮아, 힘을 내
넌 할 수 있을 거야
뒤를 돌아봐
웃어 이만큼 온 거잖아

(2절)

너보다 멋진 네 친구들이
한없이 널 작아지게 만들 때

널 향한 사람들의 기대로
자꾸 어디론가 숨고 싶을 때

그럴 때 생각해
지금 이 순간이 언젠가 너를
더욱 빛나게 할 거야

괜찮아, 힘을 내
넌 할 수 있을 거야
좀 더디면 어때
꼭 먼저 앞설 필요는 없지

저 높은 정상에 너 혼자뿐이라면
그건 정말 외로울 테니

언젠가 웃으며 오늘을 기억할 날에
조금 멋쩍을지 몰라
너도 몰래 어느새
훌쩍 커버린 너일 테니

이 노래는 '평범한 일상의 중요성'을 말해주고 있습니다. 우리의 삶 하루하루, 한순간 한 순간은 어느 하나 중요하지 않은 것이 없다는 것입니다. '지금 넘어지고 서툴 수 있지만, 세상의 모든 일은 한 번에 이뤄지지 않으니, 지금 이 순간을 더욱 충실히 살 것'을 말해줍니다. '다른 사람들과 비교하면서, 너무 늦었다고 좌절하거나 낙망할 필요가 없음'도 강조하고 있습니다.

어쩌면 지금 이 시간이 대수롭지 않은 시간 같아 보이고, 아무 영향력 없는 시간 같아 보일 수 있으나 그 시간, 그 순간 하나하나가 모여 결국 소명을 이루는 밑거름이 되는 것입니다.

베란다 프로젝트의 "괜찮아" 노래를 들어봅시다. 한번 따라 불러보기도 합시다. 그러면서, 지나온 스윗스팟의 시간들을 돌아봅시다. '가장 의미 있었던 시간'도 생각해 보고, '스윗스팟은 나에게 OOO이다'를 채워보기도 합시다. '스윗스팟 선언문'을 써서 발표해 보기도 합시다.

2 스윗스팟 돌아보기

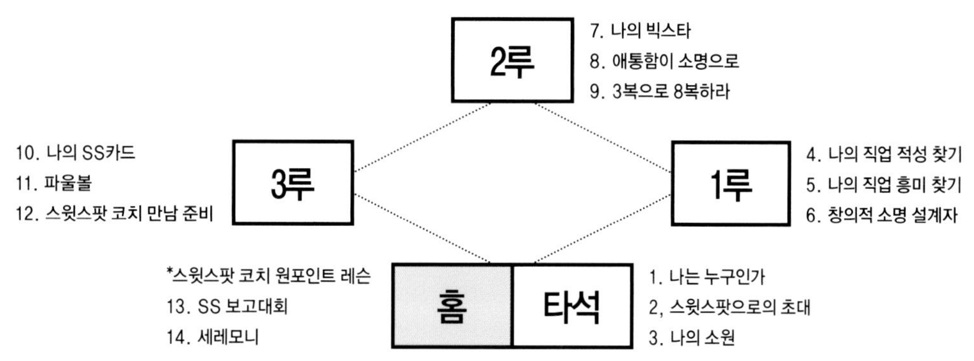

PLAY. 1 가장 의미 있었던 시간 친구들과 나누기

가장 의미 있었던 시간을 생각해보고, 어떤 부분이 가장 의미 있었는지 친구들과 나누어 봅시다.

가장 좋았던 시간 나눔 기록하기

PLAY. 2 스윗스팟은 나에게 OOO 이다.

스윗스팟이 나에게 어떤 새로운 깨달음을 주었는지 생각하면서 문장을 완성하고, 친구들과 나누어 봅시다.

나에게 있어 스윗스팟은 ______________________ 이다.

왜냐하면 ______________________ 때문이다.

예) 나에게 있어 스윗스팟은 거울이다.
(왜냐하면 나를 자세히 들여다 볼 기회를 주었기 때문이다.)
나에게 있어 스윗스팟은 출발선이다.
(왜냐하면 스윗스팟을 통해 내 인생이 새롭게 시작되었기 때문이다.)

친구들의 '스윗스팟은 OOO 이다' 나눔 기록하기

3 스윗스팟 선언문

PLAY. 3 스윗스팟 선언문 작성하기

아래의 예시를 바탕으로 스윗스팟 선언문을 작성해 봅시다. 교육을 통해 했던 내용들을 바탕으로, '섬기기 원하는 영역'과 '되기 원하는 직업'을 써 보고, 그 영역에서 '어떤 사람이 되고 싶은지'를 써 봅시다. 그리고 '그를 위해 준비해야 할 것들'에 대해서도 기록해 봅시다.

예) 나 OOO는 교육-복지 영역에서 특수 교사가 되어서 몸과 마음이 아픈 장애학생들에게 사랑으로 가르치고 잘 돌보아 주겠습니다. 이를 위해 특수교육과 관련된 책을 읽고, 특수 교사가 되기 위한 과정을 조사하며, 방학 때마다 관련 기관에서 봉사활동을 하겠습니다.

__________의 스윗스팟 선언문

※그룹 친구들의 스윗스팟 선언문을 돌아가면서 들어보고, 서로를 축복하고 격려해줍니다.

[마지막 당부]

여러분은 하나님께서 창조하셨고, 어떠한 모습이 되었든 가치 있고, 소중한 사람입니다. 그것을 꼭 기억하십시오. 스윗스팟을 찾아가는 과정 가운데 때론 어려움이 있을 수 있으나 우리를 일으켜 세워주시는 하나님이 계시다는 것을 믿으십시오. '하나님과 나와의 관계'를 늘 중요하게 여기며 나아갑시다.

**"나는 크리스천으로서 내가 어떤 인간이고 어떤 모습을 하고 있든지
하나님 앞에서 가치가 있다는 것을 알고 있습니다.
하나님은 내가 태아였을 때나 지금이나 늘 내 곁에 계시고
나에 대해 생각하십니다.
내 모습과 형태는 중요하지 않고 하나님과 나와의 관계가 가장 중요하지요."
레나 마리아 -**

그리고 우리는 스윗스팟의 삶을 살기 위해 지속적으로 '구하고 찾고 두드리십시오'. 지금까지 스윗스팟을 찾기 위해 열심히 달려왔지만 이 시간, 여기서만 고민하고, 이후로 기도하지 않는다면 하나님께서 주신 소명의 자리로 나아가기가 어려워질 것입니다.

이것은 단순히 직업을 선택하는 문제가 아니라, 삶의 방향, 목적과도 직결되는 부분입니다. 그 분의 살아있는 말씀을 읽지 않고, 기도하지 않으면서 그 분의 뜻을 아는 것은 불가능합니다. 하나님의 뜻은 단번에 찾아지는 것이 아닙니다. 하지만 지속적으로 구하고, 찾고, 두드리는 삶을 살면, 반드시 찾을 것입니다. 주님이 그렇게 약속하셨기 때문입니다.

여러분! 지금까지 배운 내용들을 기억하고, 그리스도인으로서 성경적 가치관에 기반하여 소명을 찾아가기 위해 노력합시다. 늘 하나님과 나와의 관계를 점검하고, 하나님께 지속적으로 구하고, 찾고, 두드리면, 분명히 하나님 나라를 회복시키는 제자의 삶, 그 자리에 여러분이 서 있을 것입니다. 축복합니다.

구하라 그리하면 너희에게 주실 것이요 찾으라 그리하면 찾아낼 것이요
문을 두드리라 그리하면 너희에게 열릴 것이니
구하는 이마다 받을 것이요 찾는 이는 찾아낼 것이요
두드리는 이에게는 열릴 것이니라 (마태복음 7:7~8)

스윗스팟 참고도서

1. **가슴 뛰는 삶** 간절히 원하는 그 모습으로 살아라 (강헌구, 2008, 쌤앤파커스)

2. **나만의 북극성을 찾아라** (홍기운, 김승, 2012, 미디어숲)

3. **다섯가지 미래 교육 코드** (김지영, 2017, 소울하우스)

4. **다중지능과 교육** 현장 교사를 위한 다중지능 활용법 (토마스 암스트롱, 2022, 학지사)

5. **당신의 파라슈트는 어떤 색깔입니까?** (리처드 N. 볼스, 2002, 동도원)

6. **두 번째 산** 삶은 '혼자'가 아닌 '함께'의 이야기다 (데이비드 브룩스, 2020, 부키)

7. 내 인생에 **비전이 보인다** 왜곡된 비전 공식 깨기 (양형주, 2007, 홍성사)

8. **비전의 사람** (이재철, 2020, 홍성사)

9. **사명 너를 향한 하나님의 빅 픽처** (최윤식, 2018, 생명의말씀사)

10. **선생님은 너를 응원해** (정병오, 2012, 홍성사)

11. **소명** 인생의 목적을 발견하고 성취하는 길 (오스 기니스, 2019, IVP)

12. **소명과 용기** (고든 스미스, 2008, 생명의말씀사)

13. **소명, 그 거룩한 일상** 오해를 넘어 바른 이해로 (김형원, 2018, 대장간)

14. **소명 RE:START** (정은진 외, 꿈을이루는사람들, 2021)

15. **소명에 답하다** 신앙과 현실 사이에서 갈등하는 청춘을 위한 '소명고민백서' (신동열, 2013, 예수전도단)

16. **소명여행자** 하나님이 주신 나만의 길을 걷다 (게리 바칼로우, 2014, 예수전도단)

17. **소명 찾기** 부르심에 합당한 삶을 위한 (케빈 · 케이 마리 브렌플렉, 2006, IVP)

18. **소명통통** (최은미, 2018, 다돌출판사)

19. **소심청년, 소명을 만나다** 소명을 마음에 품은 청년들의 이야기 (도현명 외, 2019, 토기장이)

20. **스토리가 스펙을 이긴다** (김정태, 2010, 갤리온)

21. **9번째 지능** 같은 재능, 전혀 다른 삶의 차이 (이소윤, 이진주, 2015, 청림출판)

22. **오리지널스** (애덤 그랜트, 2020, 한국경제신문)

23. **우리 아이 자존감의 비밀** (조세핀 킴, 2011, BBbooks)

24. **월요일의 그리스도인** (최영수, 2014, 생명의말씀사)

25. 팀 켈러의 **일과 영성** 인간의 일과 하나님의 역사 사이의 줄 잇기 (팀 켈러, 2013, 두란노)

26. **일상의 치유** (맥스 루케이도, 2006, 청림출판)

27. **주일 신앙이 평일로 이어질 때** 성경적 관점에서 본 일과 일터 (톰 넬슨, 2015, 아바서원)

28. **P31** 성경대로 비즈니스하기 (하형록, 2015, 두란노)

29. **하나님의 뜻** 신화를 벗겨 내고 신비를 되찾다 (제럴드 싯처, 2020, 성서유니온선교회)

30. 성경 속에 나타난 **하나님의 학습법** (박상진, 2010, 두란노)

부록

<table>
<tr><td colspan="2">7과
(62쪽)</td><td>직업카드
1순위</td><td></td><td>관심 직업</td><td></td></tr>
<tr><td colspan="2">9과
(78쪽)</td><td>나의 강점
1, 2, 3순위</td><td colspan="3"></td></tr>
<tr><td colspan="2">10과
(84쪽)</td><td>나의 직업
적성 검사 1순위</td><td></td><td>관심 직업</td><td></td></tr>
<tr><td colspan="2">11과
(92쪽)</td><td>내가 보는
나의 주된 강점</td><td></td><td>친구가 보는
나의 주된 강점</td><td></td></tr>
<tr><td colspan="2">13과
(108쪽)</td><td>나의 삶의 지향
형용사</td><td colspan="3"></td></tr>
<tr><td rowspan="2">15과</td><td>(120쪽)</td><td>나의 빅스타
(직업)</td><td></td><td>선정 이유</td><td></td></tr>
<tr><td>(125쪽)</td><td>직업가치관 검사
1순위</td><td></td><td>직업가치관 검사
2순위</td><td></td></tr>
<tr><td colspan="2" rowspan="3">19과
(157쪽)</td><td>애통함 영역</td><td></td><td rowspan="2">애통함 현실</td><td rowspan="2"></td></tr>
<tr><td>하나님의 마음</td><td></td></tr>
<tr><td>기도제목</td><td></td><td>실천 사항</td><td></td></tr>
</table>

BEST 추천직업 3

추천인	추천 직업	서 명

<미션> 나의 SS카드

ㅁ그 동안의 활동들을 종합하는 나의 SS카드를 작성해 봅시다.

이름 :

나를 설명하는 한마디 표현	

SS카드의 세부 기록은 새롭게 쓰는 것이 아니라, 앞에 했던 활동들의 결과를 다시 찾아서 기록하는 것입니다.

<table>
<tr><td colspan="2" rowspan="3">기본
사항</td><td>학교</td><td></td><td>학년</td><td></td></tr>
<tr><td>좋아하는 과목</td><td></td><td>싫어하는 과목</td><td></td></tr>
<tr><td>특기</td><td></td><td>부모님이
원하는 직업</td><td></td></tr>
<tr><td colspan="2" rowspan="2">4과
(38쪽)</td><td>나의 꿈 변천사</td><td colspan="3"></td></tr>
<tr><td>변화되어 온
꿈의 공통점</td><td colspan="3"></td></tr>
<tr><td colspan="2" rowspan="2">5과
(44쪽)</td><td>즐거워하는 일</td><td></td><td>가고 싶은 곳</td><td></td></tr>
<tr><td>배우고 싶은 것</td><td></td><td>나누고 싶은 것</td><td></td></tr>
<tr><td rowspan="3">6과</td><td>(53쪽)</td><td>직업흥미검사
1순위</td><td></td><td>관심 직업</td><td></td></tr>
<tr><td rowspan="2">(57쪽)</td><td>나를 나타내는
형용사1</td><td></td><td>나를 나타내는
형용사2</td><td></td></tr>
<tr><td>나의 관심 직업</td><td></td><td>그 직업을
좋아하는 이유</td><td></td></tr>
</table>